10歳からの学力に劇的な差がつく

子どもの脳を育てる「運動遊び」

こどもプラスホールディングス㈱代表取締役
柳澤弘樹

日本実業出版社

はじめに

運動が学力の基礎を育てる！

「しっかり勉強をして、一人前の子どもになってほしい」――「学力」の重要性がますます叫ばれる中、そのように思われる親御さんはたくさんいるでしょう。実際に、自分の子どもに幼い頃から英才教育を施されている方も、本書の読者の中にはいるかもしれません。

しかし実は、**どんなに小さな頃から教育を受けさせても、子どもの学力の伸びが本格的に顕在化するのは、小学校４年生、つまり10歳くらいからだといわれています。**

早期教育の成果がまったくないかといえば、そうではありません。確かに、いろいろなテクニックや方法で知識の提供を幼少期から受けた子どもは、語彙《ごい》力や計算力などの能力が、受けていなかった子どもに比べて一時的には高くなります。

ただ、それらの幼少期の力の高さが、その後の小学生以降の学力や、大人になってからの社会スキルや仕事のパフォーマンスに直結するかというと、必ずしもそうとはいえないのです。

幼少期から教育を受けていなかった子どもたちも、ある時期を境に急激に学力が伸びてくる時期があります。つまり、小さい頃から勉強をやっていたから安心というわけではないのです。逆に言えば、幼少期に勉強をやらせなかったからといって、必要以上に心配する必要もありません。

私たちは何かを「認識する」→「考える」→「答えを出す」というプロセスを脳の中で行なっています。このとき、「知能」と呼ばれる能力が、学力を構成する要因となっています。

例えば、国語では「文字を読む」「言葉を理解する」能力、算数や数学では「数字や空間を認識する」能力、歴史では「記憶する」能力が特に求められている科目だといえます。これらの能力の一つひとつが「知能」なのです。

つまり、**表面上の算数、国語、理科、社会などの試験の点数を高めようとするよりも、それらの根本にある知能をしっかりと身につけておくことが重要で、それが学力を高めるための土台になります。**

これらの基礎的な知能をしっかりと身につけた子どもたちが、10歳頃から学力が際立って伸びてくる傾向があるのです。

では、**知能はどのような方法で高められるかというと、実は幼少期にたくさん体を動かすことに強く関係することがわかってきました。詳しくは本書で説明しますが、科学的見地からも、たくさんの知見が得られてきています。**

私は現在、幼児期の子どもたちに運動を指導したり、先生たちに指導のコツをお伝えしたりする仕事をしています。子どもの時期に体を動かすことが好きになれば、生涯をかけて運動に親しむことができるようになると考えています。また運動は、うつ病や認知症の予防にも効果的です。

この本では、子どもたちに楽しく運動をしてもらえるように、私たちが考案した「運動遊び」の紹介とともに、運動と知能や学力の関係、運動を通じた子どもの社会性の身につけ方などについて、述べていきたいと思います。

すべての子どもが運動を好きになり、運動に打ち込むことで、何事にもチャレンジする前向きな人間になってもらいたい。それが、子どもの将来の可能性を広げることにつながると、私は考えています。

こどもプラスホールディングス㈱代表　柳澤弘樹

子どもの脳を育てる「運動遊び」◎目次

第2章

どんな運動をさせるのがいいの？

CONTENTS

第3章 「動」と「静」のリズムとメリハリをつける

第4章

運動で「社会性」と「協調性」を育てる

カバーデザイン／吉村朋子
イラスト／多田あゆ実
本文ＤＴＰ／一企画

第1章

運動が
脳と心を成長させる！

TOPIC 01

運動で養われる「生きる力」

運動は、脳の働きと密接な関係があります。運動をする中で、脳は判断したり、二つのことを同時に行なったり、予測したり、さまざまな仕事をしています。そのときに、脳のネットワークが育てられます。このネットワークは、運動のときだけでなく、勉強のときにも活用されます。**つまり子どもにとって、運動で脳のネットワークを育てることが、学力を向上させる大きな要因となるのです。**

幼少期には、まず運動を好きになり、好きになった運動にたくさん取り組むことが何よりも大事です。その結果、活動量が増えて持久的運動能力が高くなります。そうした子どものほうが、10歳くらいから学力も大きく伸びることがわかってきました。

とはいえ、10歳未満の子どもに勉強をさせても意味がないというわけではありません。私が言いたいのは、幼少期に勉強をやっていたから良い、やっていなかったから悪いというのではありません。10歳くらいの時期になると子どもたちの学力が飛躍的に伸びることがわかってきたので、学力のみならず、人格の基礎を固めるために、子どもの成長を長期的にサポートすることが大切だということです。

いま現在、その子どもが何に興味があって何をしたがっているのかに着目し、子どもの意欲をしっかりと見ながら、ときには勉強、ときには運動、または音楽をさせたり、ほかの子どもと遊ばせたりするというように、バランスが大切です。親が余裕をもって子どもと接していくことで、子どもたちは多くの気づきを得ることができるとともに、ある時期になったら自発的に成長していきます。

学力と運動の関係

学力と運動の関係でいえば、私が行なった運動と脳の関連の研究によると、**10分程度の中強度の運動が集中力を高める**ことがわかっています。

私たちの脳は、部位によって担う役割が違います。学力に関係するのは、大脳新皮質という部位が担っています。この大脳新皮質の中でも、役割分担があります。言葉を担当する場所、体の動きを担当する場所、社会性を担当する場所などさまざまです。

■前頭前野の背外側部の場所

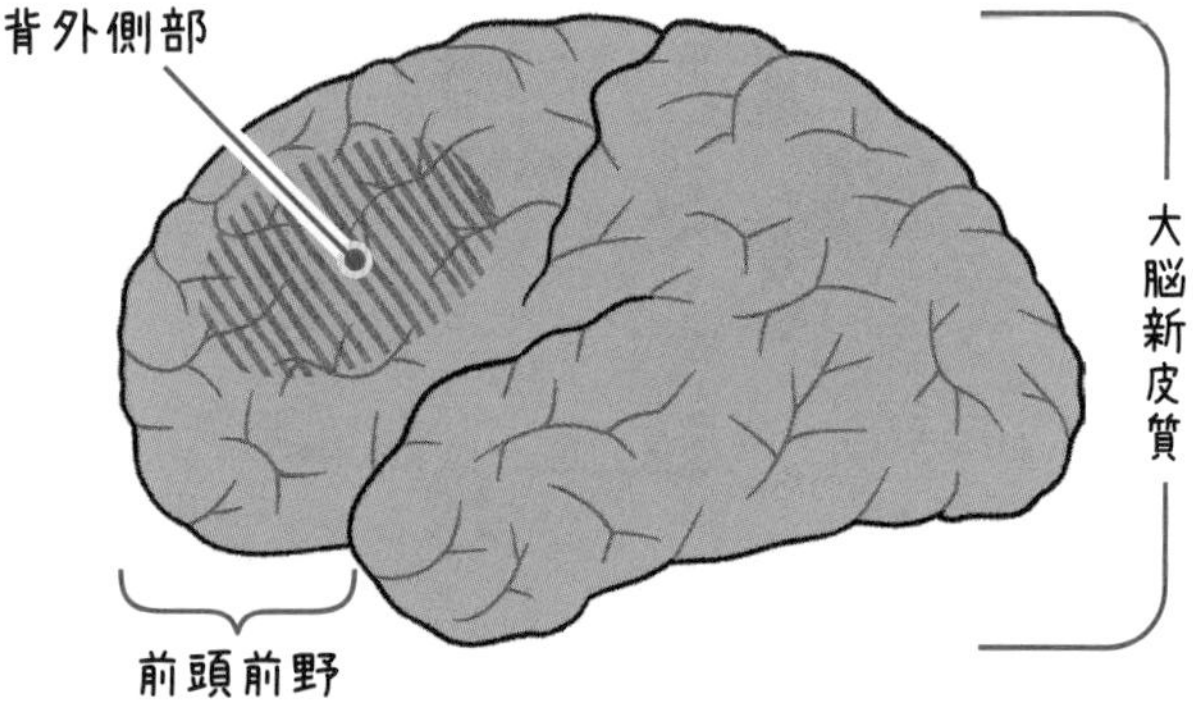

そして、その中で学力を育てるために不可欠な集中力を担当するのが、前頭前野の背外側部という場所で、運動によって活動が高まることが明らかになりました。この部位はこめかみの少し上あたりで、一休さんがとんち比べをするときにクルクルと指でなぞっている場所です。

日常の生活で勉強をするときに、集中して勉強するか、注意散漫な状態で勉強するかで、その成果は大きく異なってきます。短時間でも集中して勉強に取り組むことによって、子どもたちの学力は伸びていきます。

ぜひ日常的に、本書で紹介するような運動を適度に取り入れながら、勉強との両立を心がけてみてください。

TOPIC
02

「動物」だからこそ必要な運動

私たち人間も動物です。「動く物」と書くくらいなので、人間にとって動くことは非常に重要です。

一方で大人になると、運動習慣がなくなって、いわゆる生活習慣病を指摘され、そこからあわてて運動を始める方も多いのではないでしょうか。

ただし、**運動は「太る」「やせる」といった体の見かけだけの問題ではなく、私たちの精神的な部分や神経においても、大変重要な役割を果たしています。**

仕事に追われて夜しっかり睡眠をとることもできず、体を動かすこともままならないような生活が続く人たちの精神疾患のリスクは、平均よりも高めに出るということが報告されています。

私たち人間は体を動かすことを忘れてしまうと、精神的にも病んでしまうのです。

子どもたちの運動量が減っている

最近の子どもたちも、昔に比べて運動量が減っているので、それによる体の不調が出てきています。例えば幼稚園・保育園に通っている子どもたちの朝の体温を測ってみると、風邪をひいていないのに体温が37度もあったり、逆に35度台前半の低体温だったりする子どもも珍しくありません（前橋明『生活リズム向上大作戦』（大学教育出版）など）。

これは、私たちの体の神経をコントロールしている自律神経の乱れが原因になっています。少し難しくなりますが、自律神経は交感神経と副交感神経で構成されていて、夜に寝ているときは副交感神経が優位になり、日中に活動しているときは交感神経が優位になるという、棲《す》み分けをもって活動しています。

この自律神経の不全が、体温調整機能に影響を及ぼしているといわれています。つまり、**体温調整機能がうまくいっていないということは、神経バランスが崩れているということ**です。神経バランスが崩れていると、すぐに体調が悪くなったり、頭がボーッとしたりして集中しづらくなり、無気力な状態に陥っていきます。そのような状態で生活を送っていては、学校の授業にも集中できません。

こうした自律神経の不全を改善するために一番大切なのは、**日中に体を動かすこと**です。子どもたちも体を動かせば、自律神経のバランスは改善されて、朝の体温も健常なものに戻ってきます。

将来につながる運動習慣づくりを！

つまり、大人でも子どもでも、**日常の中で運動をする習慣があるということが、身体的な面だけでなく精神的な面においても、非常に大切な役割を果たしている**のです。

しかし、どんなに体を動かすことが大事だとしても、親からの押しつけで運動をやっていると、子どもは運動嫌いになってしまいます。そうすると、大人になってからも運動習慣を身につけづらくなってしまいます。

そうならないためにも、強制的なトレーニングをさせるのではなく、バランス良く楽しい運動を取り入れることが大切なのです。これは、子どもの成長をもっと長期的な視点でサポートしていくためにも必要なことです。

ぜひ、子どもが運動を楽しめるように、親も一緒に運動をしてみてください。また、子どもが運動で頑張っているときには、一緒にその気持ちを共感してあげてください。子どもが運動を楽しめる環境を親が意識して整えてあげることが、子どもたちの体づくり、そして将来への運動習慣づくりにつながっていきます。

ちなみに、忙しいお父さんやお母さんが多いと思いますが、**子どもとの絆をつくるという点で、運動での体を使った交流、つまりスキンシップは、短時間でも非常に高い効果を発揮します**。そこで培った絆があれば、子どもが思春期の多感な時期を迎えても、親子の信頼関係を保ちやすくなります。

特に、仕事が忙しくて時間をあまりとれない方は、少しの時間でも子どもと一緒に体を使った遊びをしてみましょう。そうすることで、あなたの言葉に重みが出るので、大切なタイミングで、あなたの言葉が子どもの心にしっかり届くようになります。

ぜひ、そのような点も意識して、日常生活に本書で紹介する運動遊びの要素を取り入れてみてください。

TOPIC
03

知能と運動の関係

「子どもに学力を高めてもらいたい」というのは、ほとんどの親の願いだと思います。

しかし、どうやって学力を高めたら良いかということは、知らない方も多いでしょう。

実際、子どもたちが学力をつけるための手段として、「塾に行かせる」といった、学力に直結しそうなことに熱心な親の方がたくさんいます。

しかし**実は、学力というものは単純に直線的に伸びていく力ではありません。**停滞したり、急激に成長したり、ときには落ちてしまうこともあります。学力という字は「学ぶ力」と書きますが、学力を伸ばすために一番大事なことは、その学力を構成している力を、しっかりと身につけることです。

知能が学力の基礎になる！

では、学力はどのような力で構成されているのでしょうか。それは、私たちがもっている知能です。**現在では、知能は一つではなく複数あるという、ハワード・ガードナー氏が提唱する「多重知能理論」といわれる考えが普及しています。**

多重知能理論における知能の種類は、大きく八つあります。「対人関係の知能」「論理・数学的な知能」「記憶する知能」「空間を認識する知能」「振り返る知能」「言語の知能」「身体活動の知能」「音楽・リズムの知能」です。

具体的な教科をイメージすると、それぞれの知能がどの学力につながっているのか、わかりやすいと思います。

例えば、算数の学力は「論理・数学的な知能」と「空間を認識する知能」を主に使います。また、文章題がある場合には「言語の知能」も使います。

また、理科という教科は、自然科学の中で決められている、万物の法則を探るものです。火が燃えるときには酸素が必要というような決まりを「記憶する知能」が必要になります。ほかにも計算することもあるので、「論理・数学的な知能」も必要ですし、

■「知能」にはさまざまな種類がある！

テストを解くときには「言語の知能」も使います。また、天秤などの課題では「空間を認識する知能」も必要となります。つまり、主にこの四種類の知能が、理科で必要な知能といえます。

さらに国語や英語では、主に「言語の知能」を使うほかに、「論理的・数学的な知能」も必要になります。

このように考えると、テストの成績など、表向きに出てくる学力よりも、それらを構成する基盤となる知能を、子どもたちに基礎としてしっかりと身につけてもらうことが、結果的に子どもたちの学力につながることがわかっていただけるかと思います。

当然、**学力は伸びるときがあれば停滞するときもあります。しかし、知能の根幹がしっかりしていれば、学力が伸びる時期には飛躍的に伸びるということを、まずは覚えておいてください。**

学力に直結するのはＩＱよりも実行機能

いま挙げたそれぞれの知能は、どのような要因によって高められ、学力の向上につながるのでしょうか。昔はＩＱ（知能指数）が学力に密接にかかわっているのではないかという考えが主流でしたが、最近はこのＩＱよりも、**「実行機能」**というものが、学力に直結しているということがわかっています。

実行機能とは、目的を達成するために思考や行動をコントロールして突き進む力のことです。つまり、雑音を遮断して集中力を維持し、情報を記憶して課題を解決しながら、状況に応じて行動や考え方を柔軟に切り替える力のことです。

この**実行機能は、子どもの体力、運動能力によって高められる**ということが、わか

■学力・実行機能・知能・運動能力の関係

ってきています。

では、実行機能はどのような力で構成されるかというと、主に三つあります。

一つ目は**「集中維持の力」**です。自分が何かに取り組んでいるときに邪魔が入っても、いまやるべきことにしっかりと集中力を持続させる力です。

二つ目は**「ワーキングメモリー」**です。「脳の中のメモ帳」といわれる力で、情報を一時的に保持しておいて、それらをうまく使いながら、やるべきことを進めていく力です。

三つ目は**「認知的な柔軟性」**です。これは、状況に応じて考え方や思考を柔軟に切り替えていく力です。

この三つの力が実行機能を構成し、さらにこれらが知能、そして学力と密接にかかわっていることがわかっています。

つまり、学力を構成する基礎としての実行機能と知能を身につけていくことが、幼少期では特に大事なのです。

運動によって知能が高まり、実行機能が育ちます。その結果、学力が高くなるのです。

ただし、実行機能や知能は、一時的な運動によって一気に高められるものではなく、日常的な運動習慣によって徐々に高まっていくものです。

見せかけだけの学力ではなく、その基礎となる実行機能や知能、さらに運動の習慣がしっかり身についているかどうかを意識しながら、子どもの日々の生活や習い事などを考えていただくといいのではないでしょうか。

TOPIC 04

早期教育のワナ

早期教育と聞くと、早い時期から英語、計算、漢字……と、数年先に習うことを先取りすることをイメージする人が多いものです。しかし、この早期教育って本当に必要なのでしょうか？　その効果はあるのでしょうか？

本筋を見誤って、ただ知識を詰め込むだけでは、その効果が薄くなってしまうだけでなく、子どもの精神成長に悪影響を及ぼすこともあります。まずは、子どもの成長において「大切なこと」は何かを知っておきましょう。

意欲が成長の源になる！

子どもの成長にとって一番大切なことは、子ども自身の意欲です。「学んでみたい」「知ってみたい」「できるようになりたい」という気持ちが一番大切なのです。

この意欲が子どもになければ、勉強をさせようとしても押しつけになり、勉強することが面白いと思わなくなってしまいます。

もちろん、子どものことですから、気持ちの浮き沈みもあります。自分から「やりたい」と言ったことでも、投げ出そうとしたり、サボったりしてしまうこともあるでしょう。

そんなときは、大人がたしなめること、ときには叱ることも必要です。**親が見守るというのは、子どもをしっかりと見て、良い点も悪い点も評価してあげることです。**そして、子どもには見えていない大切なことを教えることです。

しかし、最初から親が「将来、必要になるからやりなさい！」と子どもにやることを押しつけてばかりいたら、どうなるでしょう。

きっと最初は、子ども自身が興味のないことでも、大好きな親から「やりなさい」と言われたら、「わかった。頑張る！」といって取り組むでしょう。

しかし、親に言われて始めたことでも、続ける中で子ども自身が意欲的にならない限り、多くの場合は嫌になってやめてしまいます。

中には、親が主導して始めさせたことでも、いつの間にか「あなたがやるっていうから始めたんじゃない！」なんて話になっていることもあります。

できないことができるようになるには、継続してやり続けることが不可欠です。そのためには、子ども自身が意欲的な状態になっていなければなりません。**本当に子どもが心の底から「やりたい」という意欲がなければ、途中で息切れするものです。**

早期教育してもいずれ差がなくなる？

「はじめに」でも少し紹介しましたが、早期教育に関して、面白い研究があります。

幼少期から詰め込み的に多くの情報をインプットさせた子の学力と、それほどインプットを重視せず通常の学校に通うだけの子どもの学力を比較すると、小学校４年生（およそ10歳）くらいで差がなくなるというものです。

これは、幼少期から知識を詰め込む意味がないというのではなく、詰め込まなかった子どもたちでも、ある時期を過ぎると飛躍的な成長を見せるので、差がなくなってくるということです。

確かに、子どもの立場から考えると、小さいときから遊びの時間を削られて無理やり勉強ばかりやらされるより、好きなことに没頭したり、時間をかけるクセがついていたほうが、勉強に興味をもったときに学力が向上しやすいということは、容易に想像できます。

■学力はどのように伸びる？

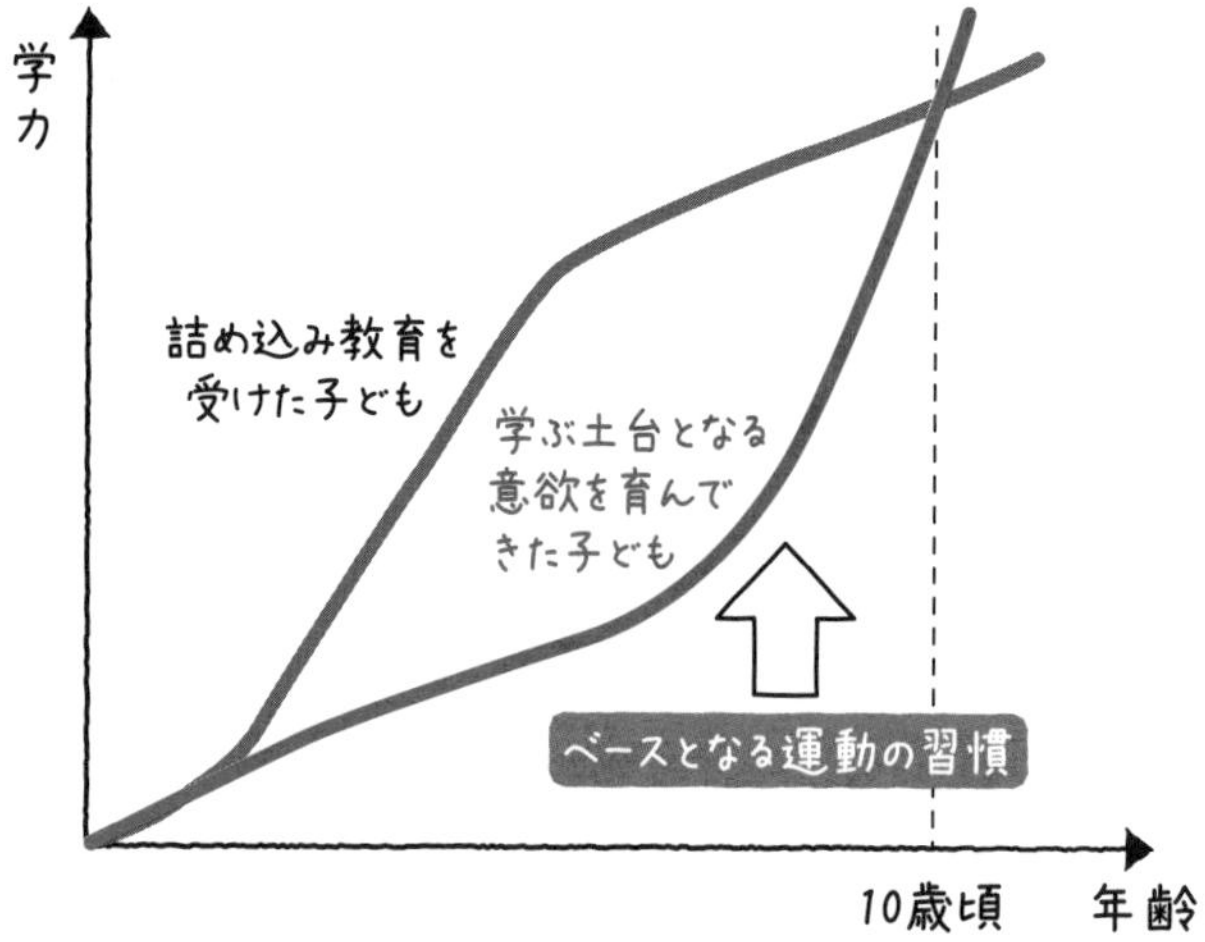

　早期教育と聞いて、先取りするメリットを感じている方にとっては、いま一度、早期教育の本質を知っていただくことで、より充実した環境になることでしょう。

　子どもが成長する原動力は、意欲です。この意欲をうまくコントロールして育てるかが、子どもが

身につける力の強さを左右します。

一人ひとりの子どもによって、意欲がわくタイミングは異なります。小さい頃から勉強に励む子もいれば、中学生くらいから急に勉強に興味をもって飛躍的な成長を見せる子もいます。また、小さい頃に培った、遊びに没頭する力や調べる力が、勉強や音楽などに対する意欲につながる子もいます。

いずれにしても、子ども自身の意欲を育てることと、そのタイミングを見逃さないように、日々の子どもとのかかわりを意識すること——これが、結果的に子どもがバランス良く、多岐にわたる方面の力をつけることにつながります。

子どもに対して、賢い子、優しい子、誠実な子になってほしいなど、親の願いはいろいろあることでしょう。また、生まれて間もない頃は、何か一つでも自分の子どもにできることが増えると褒めて、みんなが笑顔になっていたことでしょう。

しかし、保育園、幼稚園に行く頃には、ほかの子どもと比べるようになりがちです。さらに小学校に入ると、テストの点数や成績をほかの子どもと比較するようになり、自分の子どもの劣っているところについ目がいってしまいます。そうすると、親の声がけはネガティブで否定的なものになりがちです。生まれて間もない頃は、ポジティブな声がけだったはずが、いつの間にかネガティブなものになると、子どものやる気がそがれてしまいます。

私の好きな山本五十六さんの言葉で、「やってみせ、言って聞かせて、させてみせ、ほめてやらねば、人は動かじ」というのがあります。まさに、子どもと親とのかかわりが凝縮されている言葉です。

ちなみに、思春期の子どもとのかかわり合いは、山本五十六さんの言葉を借りれば、「話し合い、耳を傾け、承認し、任せてやらねば、人は育たず」となります。

あなたの子どもの意欲は、どうやったら大きく育てることができるでしょうか？

それぞれの子どもの個性に合わせた育て方を早期に見出すことが、真の早期教育といえるかもしれません。

TOPIC
05

運動で小さな成功体験を積み重ねる

私たち人間の脳は、基本的に報酬系で動いているといわれています。何かができたことによる達成感や、誰かに褒められたという他人からの評価、欲しかった物が手に入ったなどといった「報酬」があると、私たちはその活動や取り組みにさらに力を注ぐことができます。つまり、**頑張ったことに対して、何かしらの報酬（特に心理的な報酬）があると、人は次のチャレンジにつなげることができるのです。**

逆に、「ありがとう」「すごいね」「よくやった」などの言葉がけをされないと、やる気が出ないということは誰もが経験があるでしょう。子どもにとって、小さな成功体験でも、それが心理的な報酬となって継続につながり、日常的にくり返されることで大きな成功体験になっていきます。

大きな目標を達成するということは確かに重要ですが、**大きな目標を達成するため**

には、日々の小さな成功体験の積み重ねがとても大事になってきます。あるとき突然、能力が目覚めるということはないので、日々の継続性を大事にしなければいけません。「継続は力なり」というように、継続することによって結果的に力がついてきます。

成功体験の数だけ将来の可能性が広がる

これは、運動や勉強にかかわらず、ほかのことにおいても同様です。

小さな成功をたくさん経験できるほど、子どもたちは自分に自信をもち、「自分はできるんだ！」という自己肯定感を強くもつことができます。そうした気持ちになれば、将来の自分の可能性、つまり夢や希望というものが見えてきて、小さな失敗でくじけず、次のチャレンジに向かうことができます。

子どもたちが自分の夢や希望を見つけて、将来に対して期待できるようになれば、それが日々の頑張り、自分の体を大事にするということにもつながります。自分を大切にできると心に余裕が生まれ、人に優しくなれるので、気遣いや配慮ができるようになります。

■小さな成功が将来への可能性を高める

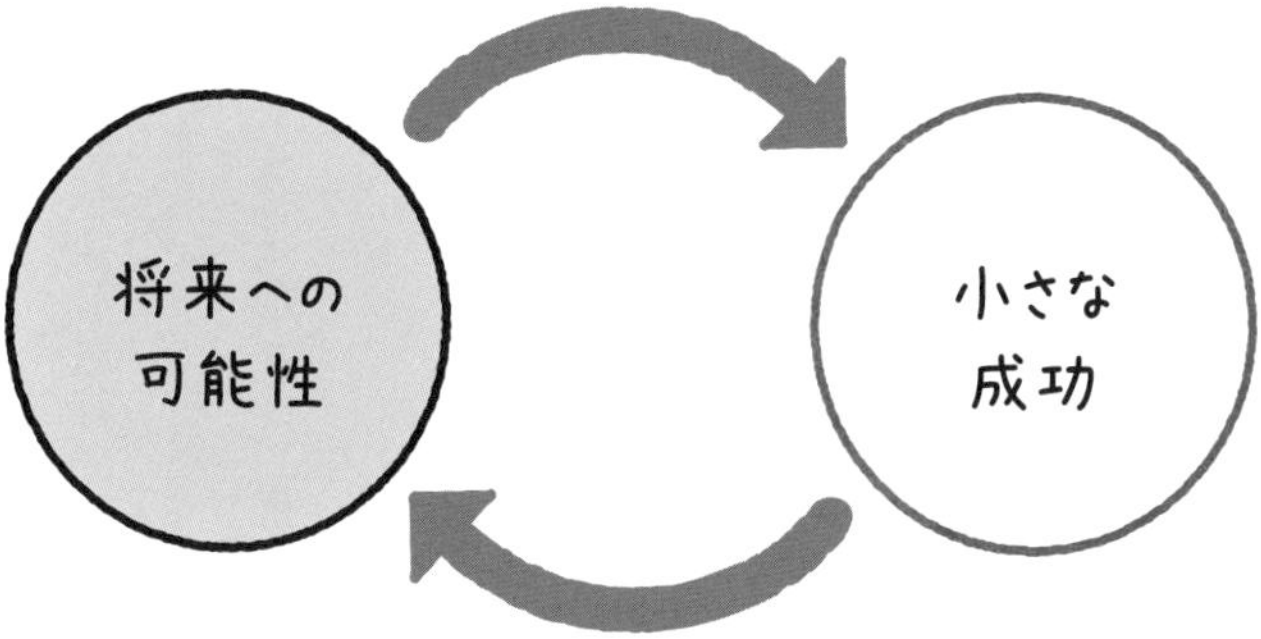

「運動遊び」が成功体験の機会を増やす

子どもたちにたくさんの小さな成功体験を積んでもらうための取り組みとしてオススメなのが、私たちが提唱している「運動遊び」です。運動は、ある日突然できるようになるものではなく、やればやるほどどんどんうまくなっていくものです。

例えば、「跳び箱を跳ぶ」という動き一つをとっても、たくさんの力が必要です。腕で体を支える力、お尻を高く上げる力、両足を揃えてジャンプをする力、距離を測る力、空中での姿勢をとる力、着地したときに踏ん張る足や腹筋の力など、いろいろな力が、ほんの1秒くらいの間に凝縮されて、初めて跳び箱が跳べるようになります。

これらの力を楽しみながら身につけていくために、日々の運動遊びが効果的なのです。**まずは36ページ以降で紹介するような、腕で体を支える力を育てる「クマ歩き」、両足を揃えてジャンプをする力を育てる「カンガルージャンプ」といった運動を、遊びの要素を交えながら、取り組ませてみてください。**

こうした運動によって、さまざまな身体の力を育てることで、子どもたちにたくさんの成功体験を積んでもらいましょう。「クマ歩き」などで楽しく遊びながら基礎となる力を育てることで、気づいたときには跳び箱を跳ぶなどの、たくさんの力を必要とする運動もできてしまうというような導き方ができるでしょう。

結果だけで子どもを責めない

ただし、運動遊びをしていく中で、失敗する場面もたくさんあると思います。大切なのは、**失敗したという結果だけで子どもを責めるのではなく、そこにチャレンジした姿勢や良かったところを具体的に褒めてあげる**ことです。

「今回はできなかったけど、とても頑張っていたと思うよ」とか、「逆立ちで、この間は背中が曲がっていたのに、今日は体がまっすぐになっていてカッコ良くなっていたよ」というような、ポジティブな声がけをしてあげてください。そして、その後に「なぜ失敗したのか」「何が悪かったのか」「どこを改善すべきか」を伝えましょう。

そうしたかかわり方をしていくことで、子どもたちは失敗しても投げ出すことなくその取り組みを継続し、上達につなげていくことができるでしょう。

運動遊びをうまく利用しながら、子どもたちに日常の中で、たくさんの小さな成功体験をさせてあげてください。

運動を楽しく行なおう……基本の動物ポーズ

運動遊びのねらい

◎動物に変身することで創造力が身につきます。
◎動きの連続性を高める「ジャンプする力」、体のバランスを高める「支える力」、空間認知力を高める「ぶら下がる力」が身につきます。
◎体幹の力が身につき、運動や生活動作の向上につながります。

クマ歩き

☑遊び方

森の中に住んでいるクマさんに変身して、ノッシノッシと四つん這《ば》いの姿勢で、床にヒザがつかないようにして歩きます。指先までしっかり伸ばして手をつき、顔をあげて前を見るようにします。

☑身につく力

支える力……上腕・肩甲骨まわり・背中の力が身につきます。また、両手をつく活動は、転倒時に身体を守るだけでなく、呼吸や姿勢、脳の活動にも良い影響があります。

体幹力……力は筋肉が生み出すものですが、力が効率良く伝わってスムーズに動作へと変換されていくためには、体の軸である体幹がしっかりとしていなくてはなりません。体幹力が身につくことで、末端の手足の力も大きくなり、姿勢保持の向上につながります。

抑制力……素早く進むのではなく、ノッシノッシと一歩ずつゆっくり進んで行く動きになるため、身体に意識を向ける時間が長くなり、動きを制御（抑制）していく力が身につきます。

カンガルージャンプ

遊び方

草原にいるカンガルーに変身して、ピョンピョンと両ヒザを揃えてジャンプします。両腕は大きく前後に振ります。連続してジャンプするときは、腕をリズミカルに振りましょう。

身につく力

ジャンプ力……ジャンプする動作によって、腹部から脚部にかけての下半身（太もも・お腹・ふくらはぎ）の筋力を身につけることができます。

バランス力……ジャンプする際には、体に軸をつくって、転ばないようにする必要があるため、バランス力の向上につながります。

左右の脳の連携……身体を動かす際には脳の連携が大切になります。左右の脳が連携することで、身体の左右を揃えてジャンプするという動作につながります。

ウシガエルジャンプ

設定

池のまわりに住んでいる身体の大きなウシガエルに変身して遊びます。両足を左右に大きく開いてしゃがみます。さらに、両手を床について、手→足の順に動かして前に進みます。手と足は同時に動かさないようにし、手を前についてジャンプする形で進みます。

身につく力

支える力……上腕・肩甲骨まわり・背中の力が身につきます。

ジャンプ力……しゃがんだ状態からジャンプするため、下半身（太もも・お腹・ふくらはぎ）の筋力を身につけることができます。

バランス力……ジャンプする際には、体に軸をつくって、転ばないようにする必要があるため、バランス力の向上につながります。

サルのポーズ

設定

木に住んでいるおサルさんに変身して遊びます。ヒジを曲げて鉄棒にぶら下がり、足をもち上げてそのままの姿勢をしばらく保ちます。鉄棒のもち方は順手（鉄棒を上からもつもち方）でも逆手（鉄棒を下からもつもち方）でもどちらでも構いません。

☑身につく力

懸垂力……ぶら下がるために必要な、腕で身体を引きつける力が身につきます。

全身の力……ぶら下がるためには、懸垂力のほかにも、腹筋・背筋など全身の力を総動員します。身体の細かい動かし方や、スムーズな動きに必要になる体幹の力が身につきます。

持久力……ぶら下がるためには、力を一定時間出し続ける必要があるため、持久力が身につきます。

TOPIC 06

まずは親がやっている姿を見せよう

「運動が学力につながる」ということを知ると、子どもにすぐに運動をやってほしいと考え、行動に移す方もたくさんいるでしょう。

しかし、大人が頭ごなしに「運動をしなさい」と言ってどこかのスポーツスクールに入れても、子どもの意欲が伴わなければやる気が途切れてしまい長続きしません。

逆に、無理やりやらされたという嫌な思い出が残って、運動に対するイメージが悪くなってしまうこともあり得ます。

大人が変われば子どもも変わる!

そこでオススメなのが、大人が子どもと一緒に、ときには子どもよりも先にやってみるという方法です。

例えば1～2歳の時期は、子どもが「相手と遊び合う」ということを始める時期です。子どもの遊びはまず一人遊びから始まりますが、そこから、他人を意識してまわりの人と遊び合うようになります。この時期に大人が率先して遊びをやってみると、子どもは自然とその後をついて真似するようになります。

例えばクマさんのように手をついたハイハイ遊びをさせたいとき、大人が子どもに「クマさんで歩いてごらん」と言ったところで子どもはやりません。ところが、大人がクマさんの姿勢になってハイハイ歩きをして見せると、子どもは面白いようにその後を同じ格好をしてついてきます。

その後、大人が子どもを「待て待てー」と追いかけると、子どもは喜んで逃げます。さらに今度は逆に、子どもが大人を追いかけて、大人は逃げる、といった具合に遊ぶようになります。

これが「遊び合う」ということです。**まずは大人がやってみると、それに倣って子どもたちの運動量も自然と増えるのです。**

一番の近親者である親の役割とは？

やはり子どもは、一番の近親者である親から、さまざまなことを学びます。**言葉や作法、マナーなど、多くのことを大人から吸収しますが、それらは「模倣」を通して学んでいるのです。**

模倣するということは、動いている人のやり方をコピーすることなので、周囲の大人がやらなければ、子どもたちは模倣から学べる機会が減ってしまいます。つまり、まずは大人がやってみるということが、子どもが模倣によって学習するという点では大事なのです。

これは子どもに運動を教えるときだけに限りません。勉強をするときにも、大人がただ口で「勉強しなさい」と言うだけではなく、隣に一緒に座ってその時間を過ごしたり、お父さんやお母さんが仕事をしているときに時間や場所も合わせて一緒に、子どもに勉強させたりしてみましょう。

「一緒に行なう」「まずはやってみる」という姿勢を大人が見せることで、子どももやりやすくなります。逆に、無理して子どもだけに勉強や運動をやらせようとすると、子どもと離れる時間が増え、「仲間はずれにされているんじゃないか？」という印象を、子どもが抱いてしまうこともあり得ます。

野球、水泳、バレーなど、いろいろなスポーツがありますが、初めから専門家のいるスクールに入れてそこにすべてを任せてしまうのではなく、まずは公園や市民プールで親子一緒に、楽しく遊んでみるというところから始めてみてはいかがでしょうか。そして、子どもが特定のスポーツに興味をもったら、そこから専門の方に委ねるというようにしてみましょう。そうすると、子どもは疎外感をもつことなく、親と一緒に遊んだ楽しい思い出を抱きながら、うまく本格的にスポーツに取り組むことができるでしょう。

先ほども述べたように、これは運動のみならず、勉強であったり普段のマナーであったり、日常のさまざまな場面で使える考え方です。**子どもにやらせたいときには、まずは大人が行動を起こしてみるということを意識してみてください。**

子どものペースで運動をしよう……親子で行なう運動

運動遊びのねらい

◎子どものやる気を引き出します。
◎1対1で行なう遊びのため、子どもとの信頼関係が築けます。
◎楽しい遊びで、子どもの運動に対する肯定的な脳の回路をつくります。

エアロビクマ

☑遊び方

運動不足のクマさんが、リズムに合わせて楽しくエアロビクスをして遊びます。クマ歩き（36ページ）の姿勢から足を真っ直ぐ伸ばし、腕立て伏せのような姿勢になります。

その姿勢から顔を前に向けて、子どもと向き合います。その状態で右足を上げてケ

ンケンジャンプをしてみましょう。右足を上げても倒れないようになったら、上げる足を右だけでなく、左足も上げてみましょう。最終的には、左右をリズミカルに入れ替えながら「右・右・左」「左・右・左」と上げる足を大人が指示します。

身につく力

集中力……大人の出す指示に意識を向け、自分の足を交互に上げ下げすることで、集中力を身につけることができます。

支える力……遊びの間は腕で体を支えているため、腕力が身につきます。

判断力……「右」「左」の指示を聞き、実際に自分自身の身体の左右を考えて足を動かすため、判断力が身につきます。

その場でかけっこ

遊び方

陸上選手と忍者に交互に変身して、走り方を大人の合図で切り替えます。太ももを

高く上げて走るのが「陸上選手」、小走りでヒザを上げずに小刻みにつま先で走るのが「忍者」です。
大人と子どもが向かい合ってその場で走り「陸上選手に変身！」「忍者に変身！」などとかけ声をかけて、走り方を変えて遊びます。

☑ 身につく力

瞬発力……瞬発力とは、瞬間的に大きな力を発揮する能力です。神経の伝達速度が速いほど、高い瞬発力を発揮することができます。この遊びで素早い足の動かし方を繰り返し行なうことで、瞬発力が身につきます。

切り替える力……動作が大きく全身を使う陸上選手の動作と、できるだけ音を出さないようにつま先で走る忍者の動作を交互に行なうことで、「動」と「静」を切り替える力が身につきます。

イメージ力……「陸上選手」「忍者」という言葉から、動作や姿などの想像を膨らませることで、イメージ力を身につけることができます。

コラム

「習い事」の選び方のコツ

ほとんどの親は、子どもに何かしらの習い事をさせたいと考えるのではないでしょうか。

習い事の種類には、スポーツ系、音楽系、芸術系、しつけ・マナー系などがありますが、それらすべての習い事をさせることは、経済的な事情や時間の都合などによって難しいでしょう。そんな中で、どんな習い事をいつからやらせたらいいのか悩むお父さんやお母さんはとても多いと思います。

ここでは、習い事を選ぶ際のコツについてお話ししましょう。

身につけさせたいのはどんなこと？

習い事を始めるときには「子どもがやりたいと言ってきたとき」と、「大人が子どもにやらせたいとき」の大きく二つのパターンがありますが、それぞれに気をつけるポイントがあります。

まず、子どもが「やりたい」と言ってきたときは、しっかり約束事を決めたうえで、習い事を始めるようにしましょう。例えば、そのときの流行りや、友達がやっているから、ちょっと興味があったからという理由だけで始めると、なかなか長続きしません。

新しいことにチャレンジするというのはとても大切なことですが、何の目的もなく子どもの主導でやらせてしまうと、「やりたくなくなったからやめる」という結果になりかねず、感情だけでやめるクセがついてしまいます。

そうならないよう、「ここまでのことができるようになる」というような約束事を決めたうえで、その習い事に取り組むことが大事です。

大人と子どもの関係性をつくるという意味でも、決定権は大人がもっていなければいけません。

次に、大人が子どもにやらせたい習い事があるときには、まずは「何のためにやるのか?」をしっかり考えてみましょう。

例えば、「体を鍛えたい」「心を育てたい」「経験として身につけさせたい」「弱い部分を育てたい」「能力を高めたい」「人間関係を築く力を育成するため」というようなものがあるかと思います。それらの理由をより深く考えてみましょう。

「経験として身につけさせたい」という場合は、「それが将来、何かの役に立つかもしれないから」という期待があるからでしょう。

「弱い部分を育てたい」という場合は、例えば集中するのが苦手なので、長い時間集中できるように、茶道や習字などを習わせたい、ということになるかもしれません。「能力を高めたい」のであれば、そろばんで計算を早くできるようにさせたい、水泳で泳げる力を身につけてほしい、ピアノで絶対音感を身につけさせたいなどでしょう。

このように、どんな力を身につけさせたいのかで、習い事は変わってきます。

大好きなお父さんやお母さんが「習いに行きなさい」と言うと、子どもは最初のうちは、「何か新しい楽しいことができるんだ」と期待します。

しかし、「言われたからやっている」「やらされている」という思いを抱いてしまうと、その習い事にハマらなかったときには楽しくなくなり、継続が難しくなってしまいます。

子どもの頃には、特に「好奇心」や「楽しさ」が、記憶や能力の開発において、非常に重要な要素になります。なので、大人が子どもに習い事をやらせたいときには、**「しっかりと動機づけをする」**ことと、その後も**「継続的にサポートしたり寄り添ったりしてあげること」**が大切です。このような、子どもが自信をもってチャレンジできるような環境をつくってあげてください。

子どもが何か新しいことにチャレンジをしたり、辛いときにそれを乗り越えたりするためには、子ども自身が「失敗しても大丈夫。お父さんやお母さんが見ていてくれる！」という安心感が必要です。

そのためにできれば、その習い事を一緒にやってみたり、習い事について共通の話題としてたくさん話をしたりするように意識してみてください。

「やめる」選択肢も用意しておく

中には「一度始めたことはやめてはいけない」と言い聞かせている家庭があるとい

う話も耳にします。しかし、「やめる」「あきらめる」という選択ができる能力も、子どもに身につけさせたい力です。

例えば、一つの習い事をずっとやっていたとしても、ケガをしたり、引っ越ししたりするなどの環境の変化や、習っていた先生の都合などによって、続けられないことも出てきます。

大人でも子どもでも、生活をしていく中で、「何かをあきらめなければいけない」という場面は必ず訪れます。そのときに、次の一歩を踏み出す、次の道に歩み出すという点で、「やめる」という選択肢を子どもに与えておくことも大切です。

逃げ道を与えるように聞こえるかもしれませんが、現代の社会スピードは、目まぐるしく移り変わります。フットワークを軽くして、次のチャレンジにつなげるためにも、「やめる」選択は悪いことではありません。

習い事に時間をとられすぎない

また、習い事をさせるときには、もう一つ注意していただきたいことがあります。それは、習い事によって大事な時間を失わないようにしてもらいたいということです。

家族のだんらんの時間、子どもの遊びの時間が確保できているかどうか、心の余裕や、体力的に子どもが生活を送るうえで無理がないかどうかを考えてみてください。余裕がなく、ストレスフルな状態では、子どもの成育が止まります。

子どもが成長していく過程では、「三つの間」が必要だといわれています。一つ目が「時間」、二つ目が「空間」、三つ目が「仲間」です。

最近は、習い事が忙しすぎて、子どもがゆとりをもつ時間が思うようにとれないというご家庭も多いようです。

しかし、子どもが習い事などで吸収したものをしっかりと自分の力にするためには、チャレンジをするために十分な時間や余暇、体力、そのための物的環境や人的環境が必要です。さらに、一人で孤独にただ何かをするのではなく、仲間と共有したり、励まし合ったり、競い合ったりしていくことが大切なのです。

ぜひ、この「三つの間」を意識しながら、子どもが健やかに育つ、良い環境をつくってあげてください。

第2章

どんな運動をさせるのがいいの？

TOPIC

07

身体はどのように発達するか？

子どもが産まれて、初めて立ち上がったときの感動を覚えていますか？

そして、その立ち上がった時期が、ほかの子よりも早いと「うちの子は運動神経がいいんじゃないか」「将来はスポーツ選手も目指せるのでは？」というような期待を思わず抱いてしまったこともあるのではないでしょうか。

しかし、子どもの運動能力の発達を見るときには、少し気をつけなければならない部分があります。

子どもは一人ひとりの個人差が大きいので、早く歩き出す子もいれば、なかなか歩き出さない子もいます。

ただし、**早く歩き出したからといって、その子が後にかけっこが速くなるなど、運動能力が高くなるとは必ずしも言い切れません。**逆に、歩き出すのが遅かったからといって、その子がまったく運動ができなくて肥満体型になるかというと、それもそうというわけではありません。

身体の発達の順序

子どもには、発達年齢ごとに重視してもらいたい運動があります。**「スキャモンの発育発達曲線」**というグラフがあります。これは4種類に分けて示されている発達の曲線で、産まれたときから20歳までの間に、どれくらいのペースでどこの器官が成長するのかということを示した図です。

曲線は、一般型、神経型、リンパ型、生殖型という4種類の型に分かれています。その中で子どもが産まれて最初に成長する器官は神経型です。

神経型とは脳や神経の働きを示す型ですが、一般的には、4歳から5歳頃までに80%程度、6歳頃には90%程度、神経型の発達が進んでいくといわれています。

ただし、これは賢さや運動能力の発達が6歳までにほとんどが完了するということではなく、私たちが人間として動いたり、成長したりしていくための基礎的な部分の発達が、6歳頃までにある程度完了するということです。

■スキャモンの発育発達曲線

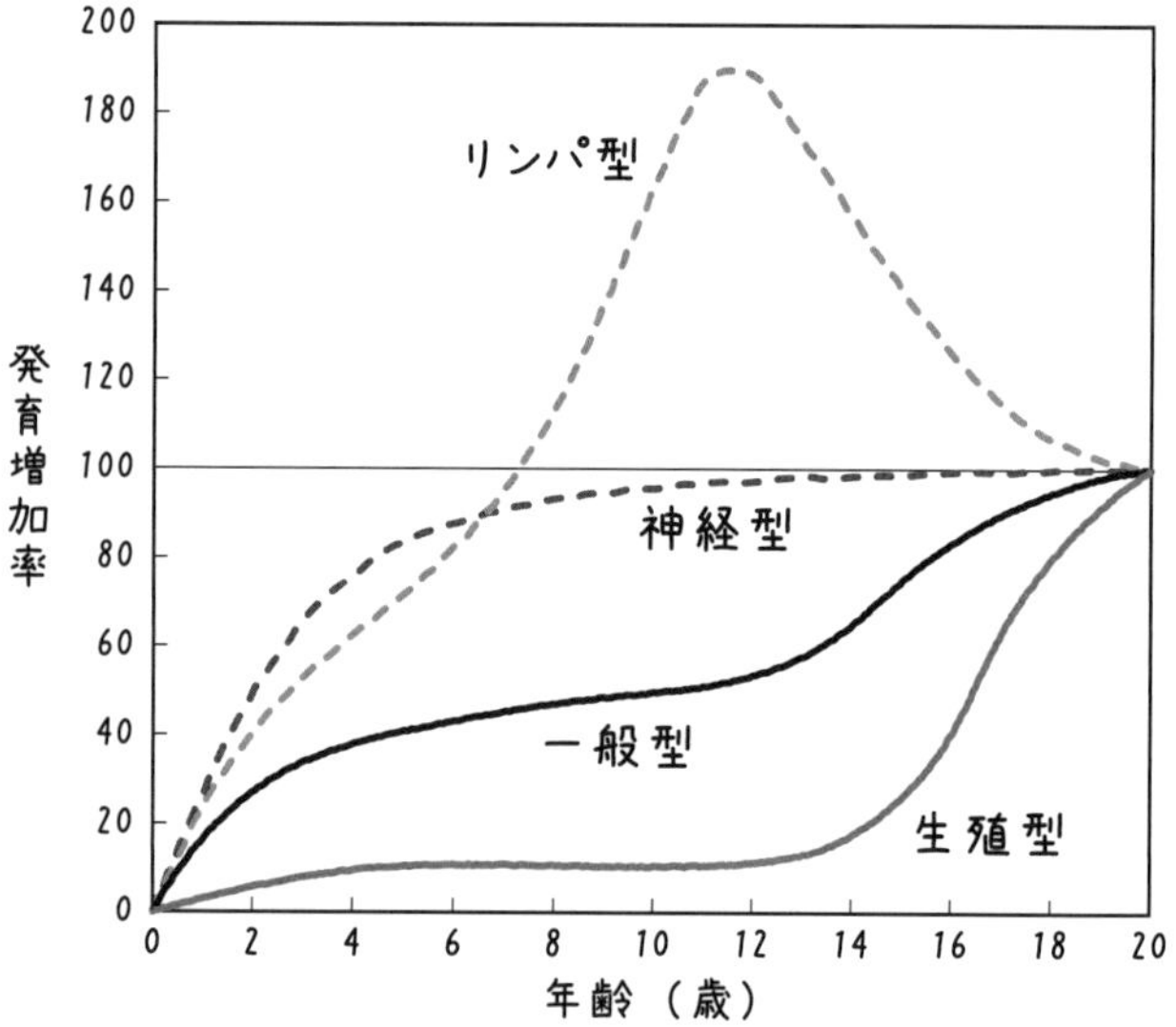

例えば2歳頃の子どもは、まだ体の筋力も弱くバランスも不安定で、なんでもないところでつまずいたり転んだりしてしまいます。

これは運動が苦手なわけではなく、神経と感覚器官の連携が急速に進んでいく時期なので、失敗をくり返しながら、成功モデルをつくり上げている時期なのです。筋力が弱くてバランスが悪くても、子どもたちは確実に成長しています。

感覚器官は、私たちの皮膚の感覚、耳の奥にあるバランスを感じるセンサー、目で平衡を測る感覚など、全身に散りばめられています。

神経型の発達が著しい幼い時期に、このような感覚器官をしっかりと刺激すると、さらなる発達を促すことができるのです。

ただし、子どもがまだ小さい乳児、幼児のうちは、自分の力だけで動き回るのは難しいものです。大人が手を貸しながら、子どもに、さまざまな姿勢の変化やバランスの変化を経験させてあげることが、とても大事なのです。

なお、自分の子どもが「早く立ち上がる」ということをそこまで重視する必要はありませんが、しっかりとした歩行ができるようになるためには、その前段階としてたくさんのハイハイ

足の指を立ててハイハイすることが、発達にとって重要！

をすることが大事です。このハイハイも、ただ手とヒザをついて這うだけではなく、這うときに足の指、特に親指を立てて地面を蹴ることがポイントです。

この親指の動きが、歩行をし始めたときの足を踏み切る強さや、踏ん張る強さにつながります。その力が、足の土踏まずの形成を促してくれます。

そして、産まれたときはO脚でガニ股だった足の形も、歩行するようになると小学校3年生くらいで次第にまっすぐになっていきます。

TOPIC
08

年齢や発達段階に適した運動をさせよう

この節では、２歳頃から中学生頃までに、それぞれどのような運動をさせていけばいいのか、見ていきましょう。

幼児期にやっておきたい運動

幼稚園・保育園における年少さんの前後（２〜４歳）の時期には、手を使って動く機会をたくさんつくってあげてください。

この頃には二足歩行が優位になって、体もどんどん大きくなるので、逆にハイハイのように手で体を支える動きをする機会が少なくなるからです。そのため、転んだときに手が出ない、または手に力が入らず、顔や歯をケガしてしまう子どもの数がとても増えるのです。中には大きなケガになってしまうこともあるので、年少さんのときには大人が意図的に、手と足を使ったクマ歩き（36ページ参照）のような動きをたくさんさせてあげましょう。**腕の力がついて顔や歯のケガが減るだけでなく、手と足の連動性も高まり、全身の動きがスムーズになる**のでオススメです。

年中さん（4～5歳頃）では、ジャンプをする遊びをたくさん取り入れてみてください。

ジャンプ遊びでは、体幹の筋力や足で踏ん張る力が身につきます。体幹部分がしっかりしていることで、安定した走りができるようになるほか、日常での良い姿勢づくりにもつながります。

ジャンプをするときは、両足を揃えたジャンプをすることがポイントで、たくさんやると、全身の筋力の強化にもつながります。

そして年長さん（5～6歳頃）では、ルールをつくって遊ぶということをたくさんさせてみてください。例えば、「鬼ごっこ」や「だるまさんが転んだ」などの遊びです。

年中さんまでに培った体力をもとに、友達と遊び合うことによって、運動の楽しさは倍増するからです。**遊びにルールが入ってくることで、子どもたちの社会性を育て、大人に成長していくための糸口にもなります。**

小学生のときにやっておきたい運動

小学校の低学年（6〜8歳頃）では、どのようなことを意識すればいいでしょうか。

この時期には、跳び箱や縄跳び、逆上がりのような、**「できる」「できない」がはっきりわかる動きをしっかりやっておく**ことが、子どもたちの運動の基礎力を形成し、モチベーションアップにもつながります。

幼稚園・保育園の時期に跳び箱や縄跳び、逆上がりができた子どもでも、小学校1年生の1年間やらなかっただけで、2年生になってから約3割ができなくなってしまうといいます。ですから、いままでやってきたとしても、跳び箱や縄跳び、逆上がりといった運動は、引き続き継続的に取り組んでください。

この低学年で培った「ぼく／わたしはこれができるんだ」という自信が、その後、中学年、高学年においての運動意欲にもつながっていきます。

中学年（8〜10歳頃）では、**たくさん走って心肺機能を高められるような遊びを取り入れてあげてください**。この時期にたくさん動くことが持久的な運動能力を伸ばすことになり、それが学力にもつながっていくという好循環が生まれます。

ですから、この時期は校庭や広場などの広いところで走り回って運動量を確保するということを重視してみましょう。

また、**3年生頃になると、肩などの関節もしっかりしてきます。補助つきの逆立ちを短い時間するなど、普段は行なわない非日常的な動きも取り入れてみてください**。

私たちは見えている部分に意識が向きますが、逆立ちなどの動きを行なってみることによって、普段では見えていない後方に対しても意識を向けることができます。こういう経験によって自分のまわりを把握する「**身体周辺感覚**」という能力が高まり、運動能力の向上につながります。

その後、高学年（10〜12歳頃）では、長い距離が走れるようになってくる時期なので、1000メートル走などの肺と心臓をより刺激するような運動を取り入れてみてください。

また、全身を動かす精度が高まってくる時期なので、野球やサッカーのように、狙いを定めてボールを打ったり蹴ったりするといった、テクニカルな動きを重視するような運動も、この時期に積極的に取り入れていくと、その先の運動能力全般の上達につながっていきます。

中学生以降に行なってもらいたい運動

中学生になってからは、本格的に筋肉がついてくる時期です。

特に男の子は、この時期に部活動などでの運動に加え、筋力トレーニングも行なうと、非常に効果的です。

また、この時期の女の子は、月経が始まったり貧血があったりして骨の弱さが出てくる子もいます。そのため、疲労度が溜まりすぎないよう、ダンスなどのテクニカルな部分や表現というところに重きを置いた運動を行なっていくと、体の変化とも上手につき合えるようになってくるでしょう。

このように、年齢ごとに意識していただきたい成長と、適した運動というものがあります。そのあたりを念頭に置いていただければ、子どもたちも無理なく、体を大事にしながら、運動を楽しんで行なうことができるでしょう。

TOPIC 09

幼児期に育てたい三つの力

前の節でも少し、幼児期（2〜6歳頃）の運動について触れましたが、この時期に特に意識して育てていただきたい力は、**「支持力」「跳躍力」「懸垂力」**の三つです。支持力は、腕で体を支える力。跳躍力は、足でジャンプをする力。懸垂力は、ぶら下がる腕の力です。

具体的にみていくと、支持力は、跳び箱、側転などの技術につながっていく力です。跳躍力は、例えば縄跳びをするときに必要な力です。懸垂力は、逆上がりに直結する力になります。

跳び箱や縄跳び、逆上がりができるというのは、子どもにとって周囲から「すごい」と思われるステータスであり、自信になります。子どもたちの自信をしっかりと育むためにも、ぜひこの支持力・跳躍力・懸垂力という三つの力を育ててあげてください。

支持力を育てるポイント

では、それぞれの力を育てる動きやそのポイントについて説明していきます。

まず、支持力です。支持力を鍛えるのに有効なのが、先にも紹介した「クマ歩き」です。クマ歩きは、ハイハイから始まる腕で体を支える四つん這い歩きの応用となる動きで、ハイハイでヒザをつかずにお尻を上げて両手と両足で歩きます。

人間は二足歩行をするので、腕で体を支えるという動作は段々とやらなくなります。しかし、**運動をするときには、上半身をしっかり使いこなして、全身を連動させることがとても大事です。**特に跳び箱は、小学校に入ってからも体育の授業で出てくる科目なので、跳び箱ができるかできないかは子どもたちにとって、非常に大きな問題です。

体育の授業のときに跳び箱が跳べなくて恥ずかしい思いをしたことがきっかけで、運動が嫌いになってしまうという子どもはたくさんいます。

私たちの調査では、運動が嫌いな大人に、いつ運動が嫌いになったかを聞くと、「小学校の低学年」と答える方が8割ほどになるそうです。そして、その8割の方のほとんどが、体育の授業中の跳び箱や逆上がりなどができなかった経験がきっかけで、運動が嫌いになったと答えています。

小学校で跳び箱をやっている場面というと、多くの方はクラスのみんなが見ている前で一人ずつやるというシーンを思い起こすのではないでしょうか。

そのときに跳べなくて、友達に嫌な言葉をかけられてしまうと、それがきっかけで運動が嫌いになってしまうということになりかねないのです。

運動嫌いになるのを防ぐためにも、腕で体を支える支持力を、幼児期のうちにしっかりとつけておくことが大切なのです。

跳躍力を育てるポイント

次に跳躍力です。跳躍力とは、ジャンプをする動きですが、ぜひ**両足を揃えてジャンプする**ことを意識させるようにしてください。

2～3歳の段階では、ジャンプをするときに両足がバラバラになってしまうことが多いのですが、4～5歳の年中、年長の頃から、両足を揃えたジャンプができるようになります。

跳躍力は縄跳びを跳ぶときに必要な力ですが、縄跳びは足がバラバラのジャンプでは跳び続けることができません。また、足だけでジャンプをするだけでなく、**しっかりと腕を振りながら、その腕の動きに連動したジャンプができることで、縄跳びの連続ジャンプができるようになります。**

大縄跳びだけでなく短縄跳びを跳ぶときにも、腕の動きと足の動きが連動していることが大事なポイントになりますので、小さな頃から両足を揃えたジャンプをすることをぜひ身につけさせてください。

懸垂力を育てるポイント

最後に懸垂力です。具体的には、鉄棒にぶら下がるときに必要となる力ですが、いまの日常生活では、なかなか身につかない力だといわれています。昔であれば、木登りをしたりどこかにぶら下がったりする場所が日常の中にありましたが、いまはそのような機会は少なくなりました。

早い子だと1歳から1歳半頃になると、どこかにつかまって自分でぶら下がろうとしだしますが、ほとんどの子がぶら下がりができるようになるのは生後24カ月、つまり2歳になった頃です。この頃から、鉄棒などを利用した、ぶら下がる遊びを積極的に取り入れてみてください。

そして、ぶら下がるときには、**ただ腕でぶら下がるだけではなく、足をもち上げた状態でぶら下がるということも大事なポイントです。**なぜなら、例えば小学校の授業にも出てくる逆上がりをするときには腕の力だけではなく、蹴り上げるための足や腹筋の力も必要になってくるからです。

鉄棒に体を引きつける腕の力、足をもち上げる足や腹筋の力を鍛えることで、逆上がりの習得につながるのです。

支持力、跳躍力、懸垂力という三つの力を身につけることによって、跳び箱、縄跳び、逆上がりといった、子どもたちにとって「できる」「できない」がはっきり分かれる運動の技術を習得することができます。

できれば、2歳頃から日常的に行なっていただくことをオススメします。ぜひ試してみてください。

TOPIC 10

多様な運動を経験させよう

自分が運動神経が悪い、運動の経験がないといった理由から、自分の子も運動能力はないとあきらめてしまっているというお父さんやお母さんもいるようですが、実はあまり関係ありません。**子どもたちの運動能力は、親から遺伝的に引き継いだものよりも、生まれてからの経験によって左右されるところが大きいからです。**

「運動神経の良さ」とは？

一般的には、運動能力が高いことを「運動神経が良い」といいますが、運動神経の良い人とそうでない人は何が違うのでしょうか？

それは、小さい頃の多様な運動経験で獲得する運動モデルの数です。**いろいろな運動をたくさんした経験がある子どもたちは、運動能力が高い傾向にあることが調査で**

わかっています。ですから、親の運動能力の良し悪しをそこまで気にする必要はありません。

日本人には、一つのスポーツに絞ってそこに全力投球することが好きな人が多いので、小さい頃から特定の競技に取り組むことが多い傾向にあります。当然、長い時間をかけて行なえば、高い技術が身につきます。

しかし、諸外国を見てみると、一つのスポーツだけに打ち込んできたという子どもは少なく、いろいろなスポーツをやっているという子どもたちが大半です。アメフト、野球、水泳、ゴルフなど、いろいろな種目をまずはやってみて、その中で成績が良かったものを続けていくというようなスポーツとのかかわり方をしているケースが多いのです。

運動能力を高めるために大事なのは、いろいろな運動経験を積むことです。**特に小さい頃は、神経と脳が急速に発達する時期なので、この時期にいろいろな運動経験を積んでおくことによって、多様な運動モデルを獲得しやすくなります。**

運動モデルには、例えば陸上のように足で走る、跳ぶというような競技、ゴルフや野球のように道具を使う競技、体操のように回転をしたりバランスをとるような競技

■多様な運動を経験させよう！

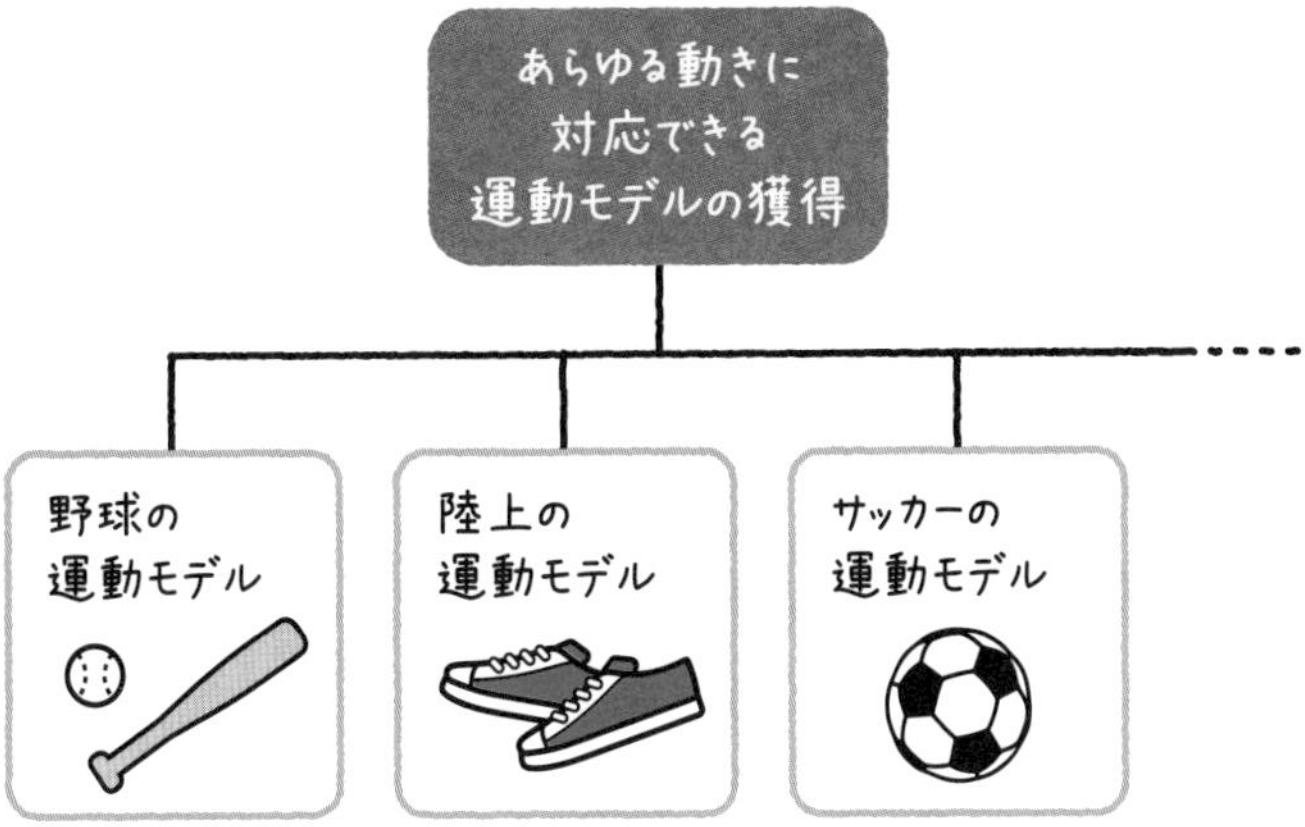

など、いろいろなモデルがあります。

こうしたさまざまな競技の運動モデルは、いうまでもなくその競技の経験を積むことによってしか身につけることができません。**さまざまなスポーツを経験することで、あらゆる動きに対応できるようになっていくのです。**

さまざまな競技を経験しておくメリットは、それだけではありません。特定の競技だけを行なって特定の能力だけを高めていくのも悪くはありませんが、例えばケガをしてしまったときなど、さまざまな理由によってその競技が続けられなくなってしまうこともあり得ます。そういうときに、ほかの競技もやっていれば、そこで運動自体をあきらめるリスクが少なくなります。

大事なのは内面的な成長

もう一つ重視していただきたいのは、**運動の能力だけで子どもたちの将来は決まらないということです。**小さいときの運動能力の高さが、大人になったときの生きる力につながると思われている方もいますが、必ずしもそうではありません。

運動がまったくできなくても大人になってから幸せな生活を送ることは可能です。例えば子どものときに逆上がりができなくても、跳び箱ができなくても、大人になってから何か日常に支障があるかというと、ほとんどの場合、ありません。

しかし、**できないことができるようになる過程や、できないことをできるようにするために頑張るという気持ちや姿勢は、子どもの成長において絶対に欠かすことのできない大事なもの**です。

運動能力や学力というような表面上の能力だけを気にされる方がいますが、それよりもっと大事なのは、子どもの内面的な部分です。子どもの「自分でやってみたい！」「頑張るんだ！」「ぼくは／わたしはできるんだ！」という気持ちを育てるための一つの方法として、運動ともつき合っていくといいでしょう。

成功体験を積み重ねよう……大縄を使った運動

運動遊びのねらい

◎走り抜けられた経験を積み重ねることで、小さな成功体験を積み重ねて、自信を身につけることができます。
◎興奮と抑制を切り替える力が身につきます。
◎動きにメリハリをつけることで、動作の強弱をつける力が身につきます。

疾風走り抜け

☑ **遊び方**

上下に動くワナにかからないように、疾風のように走り抜けて遊びます。

大人が大縄をゆっくり回し、タイミングを見計らって子どもが走り抜けます。子どもの目の前を縄が通過したら、その縄を追うように走り抜けます。

はじめのうちは、子どもがタイミングを計りやすいように、大人が声がけをするといいでしょう。慣れてきたら、子ども二人で手をつなぎ、一緒に走り抜けるような工夫もしてみましょう。お腹に新聞紙を当てて、落とさないように走り抜けるといったルールを設けるのも、面白いです。

身につく力

リズム感……一定のリズムで回っている縄の周期を感じ取ることで、リズム感が身につきます。

身体コントロール……走り出すタイミングを計ってスタートを切ることで、身体全体を意識的に「止める」「動かす」力が身につきます。

TOPIC 11

「見て見て！」は認めてほしいから

子どもが運動をしていると、子どもはよく「お母さん見て！」「お父さん見て！」という言葉を発します。おそらく、小さい子どもを育てていれば、運動のときに限らず、最低でも1日に1回は耳にすることがあるのではないでしょうか。

子どもが自分の身近にいる人に対して発する、この「見て！」という言葉は、どのような心理から出てくると思いますか？

子どもが親に見てほしいのは、やはり「頑張ったこと」です。「僕／私はこれを頑張ったんだよ！」「こんなことができるようになったよ！」ということを、認めてほしいという気持ちの表れの言葉なのです。

子どもにとって自分の身近にいる大人、特にお父さんやお母さん、そして毎日一緒にいる先生は、自分の成長を評価してくれる大切な人です。**子どもは、身近にいる人**

たちに認めてもらうことによって、自分がだんだん大人になっていくことを実感できるのです。

「見て見て！」は成長へのヒント

このような子どもの成長のためにも、子どもをしっかりと見て認めてあげること、そして、何かができたときには褒めてあげることが大事なのです。そのときには、ただ漠然と褒めるのではなく、具体的に褒めてあげてください。

例えば「すごいね！」だけではなく、「逆上がりは大変だったでしょ。いつの間に頑張ってたの？　すごいね！」、「よくできたね！」よりも、「この前はお尻が落ち気味だったけど、今日はお尻が落ちずに逆上がりがうまくできたね！」といったように、具体的な言葉をプラスすることによって、子どもはさらにその運動に没頭するようになります。

反対に、子どもに「見て見て！」と言われたときに適当にあしらってしまったり、いい加減な言葉がけをしてしまうと、子どもはその運動を継続しようとしなくなってしまいます。日常を振り返ってみたとき、大人のペースで生活を送ろうとすると、どうしても子どもへの対応が適当になってしまいます。

まずは、子どもがいま何に興味をもって、どんなことにチャレンジしているのかを、親がきちんと知っておいてください。そして、子どもから「見て見て！」と言われたときには、何がどのようにすごいのかということを意識して観察してみると、子どもに対してポジティブな言葉がけが自然にできるようになります。

もし、子どもがスマートフォンで動画を熱心に見ているなら、何を見ているか、その動画からどんな気づきを得たのかを共有しながら、生活の場面に落とし込んでみてください。

例えば、ぬいぐるみの動画を見ていたら一緒におままごとをしてみる、おもちゃの動画を見ていたら工作につなげてみる、といった具合です。

ぜひ子どもをしっかりと見て、その子の成長を認めながら、必要に応じてさらに上達するように、アドバイスをしてください。

頑張ったことが認められて自信をもった子どもは、どんどん自分のやりたいことやできることを広げていきます。このようなことを意識して子どもと接していくと、子どもが自ら、どんどん力を伸ばしていきます。

どうすれば子どもは幸せになれる？

子どもたちに幸せになってもらいたいと願うのは、親として当然のことかと思います。では、「幸せになる」にはどうすればいいのでしょうか。

子どもたちが自分自身の力を信じて、その力を存分に発揮し、のびのびと生きていくための基盤となるのが**「自己肯定感」**といわれるものです。

これは、「自分は大切で貴重な存在なんだ」「自分はここに存在していいんだ」「自分は大事にされている」といった、ありのままの自分を受け入れ、大切にしたいと思う気持ちのことを指します。

自己肯定感が高くなることで、頑張る力もわいてきますし、人を思いやる気持ちもわいてきます。この**自己肯定感を高めるために必要なのは、「できた！」という経験の積み重ねと、大好きな人から認められること**です。

「認める」ことは、「褒める」こととは少し異なります。褒めることは何か結果が生まれたときに行ないますが、認める（承認する）ことは結果がなくても、いつでもどこでも何度でもできます。

お子さんの存在、運動などに取り組んだ姿勢など、ありのままのお子さんの姿を認め、結果だけでなく、そのプロセス（過程）を褒めてあげてください。それが子どもたちにとって、未来への幸せにつながっていきます。

やりたいことを徹底的にやり込む……紙を使った遊び

運動遊びのねらい

◎興奮と抑制を切り替える力が身につきます。
◎動きにメリハリがつくことで、動作の強弱をつける力が身につきます。
◎興奮と抑制がある遊びを行なうことで、集中力が身につきます。

新聞紙にチョップ

☑遊び方

　ヒーローに変身して敵のバリアーを壊して遊びます。新聞紙１枚を二人で広げてもちます。もう一人は手の指を真っ直ぐに揃え、新聞紙を上からチョップして破ります。

　新聞紙が１枚破けたら、次は２枚を重ねて同じように二人

でもち、もう一度チョップで破ります。これをできるところまで繰り返します。

身につく力

集中力……新聞紙の一カ所をめがけて腕を振り下ろし新聞紙を破く流れが、一つのことに対する集中力の向上につながります。

五感……新聞紙が破れる音や感触を楽しみます。さまざまな音や感触に触れることで、子どもたちの脳の活性化につながります。

力の調節……力を入れて続けて腕を振り下ろしても強い力は出ません。腕を上げた際には脱力し、振り下ろす際に力を瞬間的に入れることで、力の調節力が身につきます。

TOPIC 12

運動だけにこだわらない

実は、子どもの成長を長期的な観点から見られる親御さんは、意外と少ないのです。子どもの成長を楽しむのは大切です。しかし、そこに「期待」が付与されてしまうと、「もっとできるようになるのでは？」と、子どもの成長を短期的に見てしまうクセが、いつの間にかついてしまうのです。

例えば、「練習したから逆上がりができるようになった」というときに、親がさらに「やること」によるメリットを期待してしまうと、「すぐに連続逆上がりもできるようになるはず！」と、どうしても成果を急いでしまいます。

確かに成果を求める気持ちもわかりますが、**やることによるメリットの一方で、やらないことによるデメリットも存在する**ということを知っておくことが大事です。

そのデメリットを理解せず、ただひたすらやることによるメリットを強く意識することは、決して良いとはいえません。

「やらない」デメリットとは？

やらないデメリットとして、例えば、「早寝・早起きの習慣を身につけさせていなかったから、子どもが体の不調を訴えだした」というケースがあります。

実は、このような、**やらないことによるデメリットというものは、後になってから効いてくるものです。**生活習慣でいえば、規則的な習慣を身につけさせておかないと、大人になってから、精神疾患や生活習慣病といったものにかかるリスクが高くなってしまうのです。

やることによるメリットは確かに実感しやすいものですが、やらないことによるデメリットがあるということも考えながら、子どもの成長をできるだけ長期的な視点で見ていくことが大事です。

「やるべきこと」と「やりたいこと」のバランス

「頑張る力が身についた」「友達と協力する力が身についた」「風邪をひかなくなった」

■やりたいことをやる時間を生み出す！

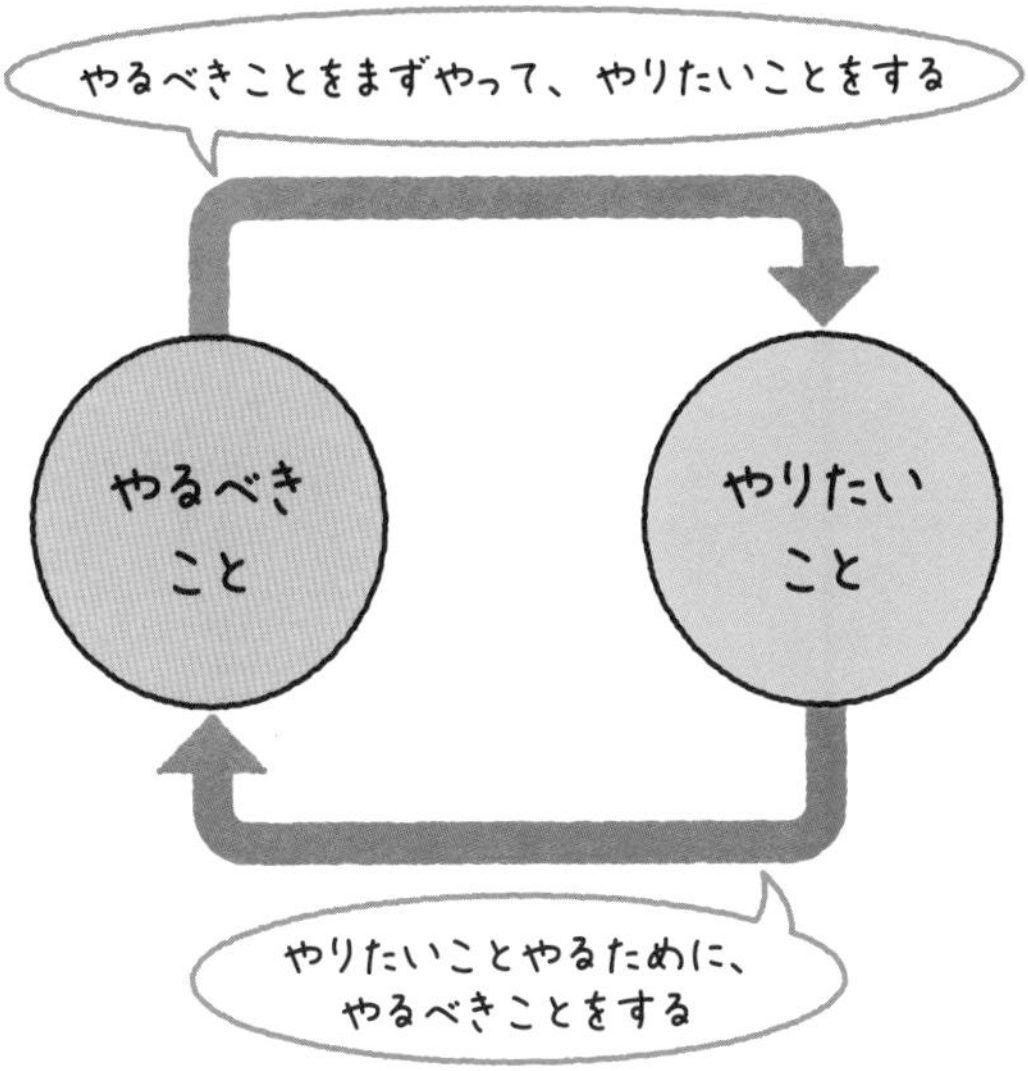
やるべきことをまずやって、やりたいことをする
やるべきこと
やりたいこと
やりたいことやるために、
やるべきことをする

など、運動することで得られるメリットや身につく力はたくさんあります。

ただ、運動でなくても、子どもたちに必要な力を身につけることは可能です。子どものときに身につけてもらいたい力は、できないことができるようになるのはもちろんですが、それ以上に**「できないことに対して自分で前向きにチャレンジしていく」「できるようになるために頑張る」という姿勢**です。

そのためには、「頑張った」「できるようになった」という達成感や満足感を繰り返し味わって、難しそうなことに対しても、「僕／私にだってできるんだ！」という自信をもてるようにすることが大切です。それが、できないことに対してでも、前向きにチャレンジしていくという姿勢に結びつきます。

子どもには、できないことがたくさんあります。例えば、子どもの頃は、「やらなければいけないこと」と「やりたいこと」があったときに、「やりたいこと」を先にやってしまって、「やらなければいけないこと」が後回しになり、結果としてやらなかった、ということがよくあります。

大人になってもそのままでは良くありません。**子どもの頃に、「やらなければいけないこと」をまずはしっかりやって、「やりたいこと」をするための時間を捻出できるようにしておくことが大事なのです。**

このサイクルがうまく回ると、学校の勉強、スポーツ、そしてその子の趣味も、メリハリをつけてうまく取り組めるようになります。

「時間を生み出す習慣」が力になる

世の中で大事なものは、お金以上に「時間」だといわれます。

時間というものを、しっかりと自分でコントロールしながら生み出せる習慣を、小さい頃から身につけさせておくことが、これからの子どもたちにとっては重要になります。そして、その習慣を繰り返す中で、子どもたちは時間をつくり出して「できないこと」にチャレンジをして、できるようになっていくのです。

また、できないことに対して、あきらめたり放置してしまうのではなく、前向きにチャレンジをしていく力を身につけるためにも、時間と心の余裕が不可欠です。

そうすると、**子どもたちは学力が本格的に伸び始める10歳頃から、自主的に勉強や運動に取り組む習慣が身につき、自分自身のさらなる成長につなげていくことができます。**

ぜひ、運動だけではなくいろいろな場面で、やらなければいけないことをやってから、やりたいことをやるという習慣を身につけられるように、日々のかかわりや声がけを心がけてみてください。

小さい頃に時間を管理することは簡単ではありません。大人でも、日常的に時間に追われる人はたくさんいます。大人の声がけで、子どもが時間の重要性を認識できるよう、日常の生活で子どもの動きに注目してみてください。

試行錯誤のスパンを短くする……物を投げる遊び

運動遊びのねらい

◎力を調節する機能が身につきます。
◎手の機能を高めることで、手先の器用さが身につきます。
◎箱に手裏剣を入れるために、どのような投げ方や角度がいいのかを考えることで、試行錯誤する力が身につきます。

手裏剣投げ

遊び方

一人前の忍者になるための練習として、手裏剣をうまく使えるようになることを目指します。

ハンドタオルなどをヒモかテープで巻き、ボール状にして手裏剣に見立てます。大きな箱を用意して、箱からの距離を3段階にして目印を床につけます。子どもは好きな目印からボールを投げ、箱に入ったら、さらに遠くの目印からボールを投げます。

慣れてきたら、折り紙でつくった手裏剣を用いてチャレンジしてみましょう。

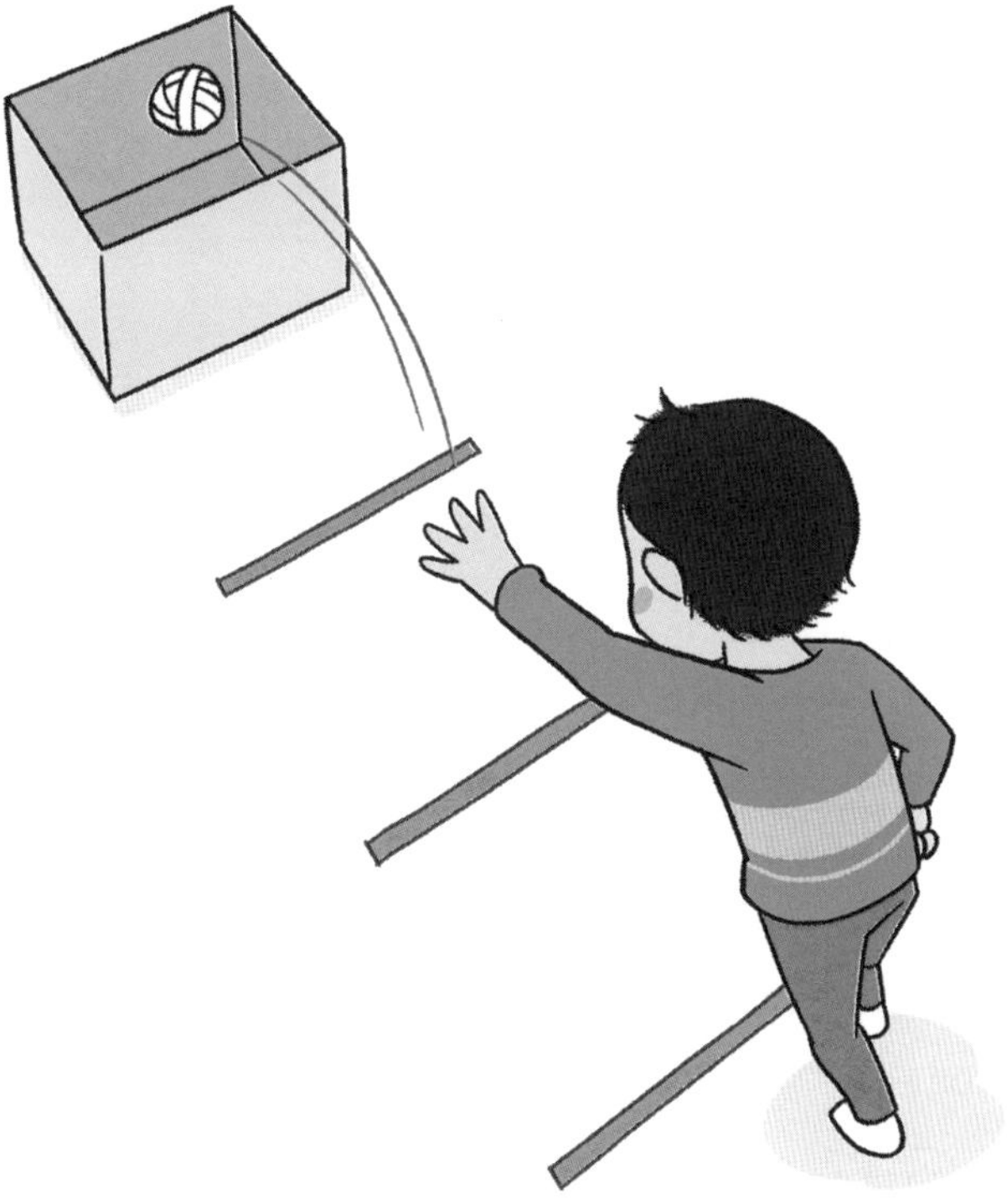

☑ 身につく力

集中力……箱をめがけて手裏剣を投げるためには、箱と自分の身体に意識を向ける必要があります。この遊びを繰り返すことで集中力が身につきます。

視空間認知力……目標物のサイズや奥行き、自分と目標物との距離を感じることで、視空間認知力が身につきます。

視空間認知力は、「対象物と背景を区別するはたらき」「形や色を認識するはたらき」「形、方向に左右されず、同じ形を〝同じ〟と比較し把握するはたらき」「物と物、自分と物の位置関係を把握するためのはたらき」があります。視空間認知力は、学習の際の基礎にもなる、大切な力です。

コラム

自分の夢を子どもに押しつけない

子どもの将来を考えない親はいないでしょう。子どもには無限の可能性があるから、たくさんの夢を叶えてもらいたいと、ほとんどの親は願います。そのために必要な勉強や習い事などを経験させているという親も多いでしょう。

ただ、その子どもたちの夢や希望は、本当に子どもが叶えたいものでしょうか？

一部の親御さんの中には、「自分が叶えられなかった夢を子どもに叶えてもらいたい」という方がいます。

子どもの夢と親の夢

これは確かにある一面では、素敵な親子の関係とも感じます。しかし、それが強制になってしまうと、子どもにとっては負担になりかねません。場合によっては、子どもが自分のやりたいことをあきらめてしまうリスクもあるということを、ぜひ頭の片隅に入れておいてください。

なぜなら、子どもは親のことが大好きだからです。どのようなことがあっても、子どもは、一番身近な大人である親に対しては、特別な思いをもっています。

もし、その親が「子どものため」だと言っていることが、本当は子どものためではなく自分のためだとしたら、後に大きくなった子どもが、どのように思うかを考えたことがありますか?


子どもは小さいときほど自分で選択することが難しいので、親に勧められた習い事は、最初はきっと素直に聞き入れて始めるでしょう。しかし、その習い事が自分に合わなければ、やめたくなるときもあります。

そんなとき、よく親が言うのが「一度始めたことは簡単にやめてはいけない」とか「そんなことで立派な大人になれるのか」というような言葉です。そんなことを言われたら、子どもはたとえ、その習い事が嫌いであっても、続けざるを得なくなります。

つまり、選択肢や逃げ道がない状態で、大好きな親から「やめてはいけない」と言われれば、子どもは我慢してやり続けるしかないのです。

親と子どもは運命共同体で、特に子どもは小さいときほど親の失望が怖いものです。親からの愛情は、子どもにとっては欠かすことのできない、何よりも大切なものです。その愛情という形で親の夢が押しつけられてしまうと、子どもはそれに従うことしかできなくなってしまうのです。

親のほうが熱くなりすぎるケースも……

中には、子どもが自分でやりたくて始めたものでも、途中から親の押しつけが強く出てきてしまうこともあります。

よくあるのはスポーツの大会などにおいて、子どもが頑張っている姿に親のほうが熱くなりすぎて、自分の子どものみならず審判やコーチ、友達にも罵声を浴びせてしまうというようなケースです。

子どもが頑張っているところに変に親が介入しすぎたり、親の重たすぎる期待が付加されると、本来、子どもが自分で選択していくはずの道を、親が阻害してしまうことになりかねません。

子どもには、自分でしっかりと道を歩めるようになる瞬間が必ず来ます。「やっている、姿を感謝で見守って、信頼せねば、人は実らず」（山本五十六）。だからこそ焦らず、親が押しつけてしまうことのリスクについても知っておきましょう。

そして、子どもが習い事が嫌になったときのために、親として、そして人生の先輩として、そのほかの選択肢も準備してあげることが、結果として子どもの将来の可能性につながっていきます。

子どもに夢を抱かせることとは、親にとって大事な役割の一つです。しかし、それが親が叶えられなかった夢の押しつけにならないように、ときどき思い返して見つめ直していただき、子どもと話し合ってみてください。

そのときには親の怖さや威厳というものは抑えて、子どもの本心を聞くようにしましょう。そうすれば、子どもと良い関係性が築けますし、子ども自身も、さらに成長していくのではないでしょうか。

第3章

「動」と「静」のリズムとメリハリをつける

TOPIC 13

運動の強度によって育つ力は変わる

私たちの教室では、幼児期の子どもに楽しい運動遊びを提供することによって、すべての子どもに運動を好きになってもらえるような指導を行なっています。子どもにとって、自分で「何かができる」という体験は大きな自信になります。中でも運動は、それが目に見えて子ども自身が実感できるものです。

高強度の遊びは「心肺機能」を高める

子どもに運動を好きになってもらうためには、楽しめる要素が大切です。しかし一方で、**子どもの成長においては、ときには激しかったり、全力で限界までチャレンジをするような運動で、心肺機能を刺激することも大事です。**

ただし、子どもたちに強度の高い運動をやらせるときには気をつけたいポイントがあります。特に幼児期の子どもは、楽しいことには熱中しますが、そうではないことはなかなかやろうとしません。例えば普通の長距離走の場合、子どもたちが最後まで全力で歯を食いしばって走ろうとするかというと、なかなかそうはいきません。

ですから、ただ走らせようとするのではなく、鬼ごっこといった、遊びの要素がありつつ全力で走るようなものなら、楽しみながら高強度の運動ができます。

このような、**全力で走ったり長い距離を息を切らしながら走るような運動が、子どもたちの心肺機能、循環器系を刺激し育てることにつながります。**

ただ、日常的に運動習慣がなかったり走り慣れていなかったりする子どもに、突然長い距離を走らせてみたり、激しい運動をさせたりすることはリスクも伴います。

無理のない範囲で、日常的に少しずつ、遊びの要素がある、強度の高い運動を取り入れてみるといいでしょう。

中強度の運動は「集中力」を高める

最近の研究から、少し興味深いデータが出ています。運動強度と脳がかかわる集中力には、相関関係があることがわかってきたのです。

運動の強度が低すぎても高すぎても私たちの脳は活性化しづらく、**中強度もしくは中強度よりも少し弱いくらいの強度で運動をすることで、集中力が高まる**というのです。

例えば、次に紹介するようなリズミカルに体を動かすような運動や、軽いかけ足など、全身が少し温まる程度の運動です。

心拍数にすると、1分あたり130~140拍くらいの運動をすることによって、私たちの脳はスッキリして覚醒度（集中力）が高まり、仕事や勉強に向く状態がつくられるのです。

このように、運動の強度によって子どもの育つ力は異なります。それぞれの運動を日常のどのような場面で、どのように取り入れていくか、工夫してみてください。

リズミカルに動いてみよう……動物やお祭りの動き

運動遊びのねらい

◎リズミカルに身体を動かすことで、脳と身体の連携する力が身につきます。
◎ジャンプする力が身につきます。
◎集中力が身につきます。

カエルの足打ち

遊び方

カエルに変身して足で拍手をして遊びます。両手で体を支えて、股関節を大きく開いて両足を打ち合わせます。

身につく力

支える力……上腕・肩甲骨まわり・背中の力が身につきます。両手を床につく活動は、転倒時に身体を守る対策になるだけでなく、呼吸や姿勢、脳の活動にも良い影響があります。

バランス力……後方に倒れないように、適度なジャンプをすることで、バランス力が身につきます。

空間認知力……足を蹴り上げる高さを調整して、足打ちができる蹴り上げをすることで、周囲の空間における自分の身体の位置関係を感じ取る力が身につきます。

ワニ歩き

遊び方

水中にいるワニに変身して遊びます。床にうつぶせになり、体をしっかりつけます。手はじゃんけんの「パー」にして床につき、顔は前を向いて這っていきます。

身につく力

股関節の可動域……足を開いて交互に地面を蹴りながら前に進むため、股関節を動かす範囲が広がるため、ケガを予防できたり、動きがスムーズになります。

体幹……ワニの姿勢で進むためには、体幹をくねらすように動かす必要があります。この動きを繰り返すことで、体幹の安定性が増し、歩行時の安定性が高まります。

ぶら下がる力……腕で身体を引きつける力が身につきます。これは鉄棒にぶら下がる際にも必要な力です。

ラッコ

遊び方

海の上をプカプカと浮いているラッコに変身して遊びます。床にあおむけになり、手を握ってお腹にのせます。ヒザを曲げて足をもち上げたり、下げたりして、前に進んでいきます。

☑ 身につく力

脚力……地面を蹴って体を前進させていくため、足腰の力が身につきます。

非日常感覚……頭を床につけながら進むという、非日常的な動作を行なうことで、普段とは違う環境下での体の動かし方が上手になります。

バランス力……真っすぐに進んでいくために、左右の足で床を蹴りだす力が身につきます。また、体の軸の傾きを意識することで、バランスをとる力も身につきます。

アヒル

遊び方

かわいいアヒルに変身して遊びます。足を左右に大きく開いてしゃがみます。かかとを床につけてアヒルのポーズをとりながら、前に進んでいきます。

身につく力

バランス力……片足をあげたときにバランスを崩さないように意識したり、左右のバランスをとって転倒しないように進んで行くことで、姿勢を保つ力が身につきます。

足腰の力……足のつけ根から足を動かして歩くため、足を上げるための筋力や、腹筋や背筋の力も身につきます。

お祭りの踊り

遊び方

今日は待ちに待ったお祭りの日。楽しい気持ちで一緒に踊ります。スキップをしながら、「タン・タタン」のリズムに合わせて手を叩きます。子どものペースで、動きをリズムに合わせながら遊びます。

身につく力

ジャンプ力……普段使用する頻度が少ない、つま先や足首、ヒザまわりや太ももなど

の足腰の筋力を使うため、ジャンプ力が身につきます。

　特に、「第二の心臓」といわれるふくらはぎを活発に動かすため、全身への血流向上につながります。

リズム感……スキップをしながら手を叩くためには大きくジャンプをする必要があります。

　大きなジャンプをするためには、腕を振ったタイミングで跳び上がることが必要になります。ジャンプのタイミングをとることで、リズムを感じる力が身につきます。

バランス力……スキップで跳ねた後の着地から、次のステップにスムーズにつながる動きができるようになります。体が左右にふらつかないように姿勢を制御することを繰り返すことで、バランス力が身につきます。

木の葉回り

遊び方

忍者に変身して回転で風を巻き起こし、木の葉を散らして敵をかく乱するイメージで遊びます。

スキップをしながら、その途中に大人がタンバリンを叩いたら、その音に合わせて、半回転（180度）ジャンプをします。慣れてきたら音に合わせて1回転（360度）ジャンプをします。

回転ジャンプをするときのポイントは、❶跳ぶと同時に腕を体に引きつけるようにすること、❷両ヒザをくっつけて跳ぶようにすること、❸しっかりと着地で止まれるようにすることです。

身につく力

ジャンプ力……ジャンプをする動作によって、腹部から脚部にかけての下半身（太もも・お腹・ふくらはぎ）の筋力が身につきます。

リズム感……スキップから、合図で回転ジャンプに動作を切り替えることは、スキップのリズムに周期性を感じ取りながら、回転ジャンプのタイミングを計ることになります。このような、「リズムを感じ取る力」が身につきます。

バランス力……回転ジャンプをした後、次のスキップにスムーズにつなげるためには、体がふらつかないように姿勢を制御する必要があります。これを繰り返すことによって、バランス力が身につきます。

TOPIC 14

脳は「我慢」が苦手

子どもは、産まれてから まず最初に、「動くこと」を通して学びを増やします。しかし、産まれたばかりの体は、自分の思い通りに動いてくれません。

自分の思った通りに体を動かすには、脳からの指令を筋肉が受け取って正確に筋肉を動かすことが必要で、そのためにはたくさんの練習が必要です。

子どもは動くことを通して、さまざまなことができるようになっていくのです。

産まれたばかりの赤ちゃんが、脳からの指令を筋肉に伝えて動くことができるようになったら、次は相手の真似をしたり、相手とかかわることができるようになっていき、その後、言葉を覚えていきます。さらにそこから、生活に必要なマナーやルールを覚えていき、社会性が備わっていきます。

動けなければ止まれない

子どもは産まれてからまず動こうとするといいましたが、動くことは車で言い換えると「アクセル」にあたります。車にはアクセルとブレーキがありますが、動きを止めることは「ブレーキ」にあたります。

脳はもともと、我慢することが苦手なので、子どもたちはまず動こうとします。それから、成長するに従って、徐々に「動きを止める」ということを覚えます。

つまり、**アクセルを身につけた後に、ブレーキが身につく**ということです。このアクセルとブレーキをうまく使いこなせば、子どもたちは、自分の体をうまくコントロールすることができるようになります。

これは、脳の神経の発達を見るとよくわかります。脳の神経には、興奮系の神経と抑制系の神経の二種類があります。興奮系の神経、つまりアクセルが発達した後に、抑制系の神経、つまりブレーキが発達します。

これを子どもたちの成長に当てはめてみましょう。

1～3歳の頃には、やりたいことを我慢することができない場面がたくさんありま

■アクセルを伸ばした後にブレーキを育てる

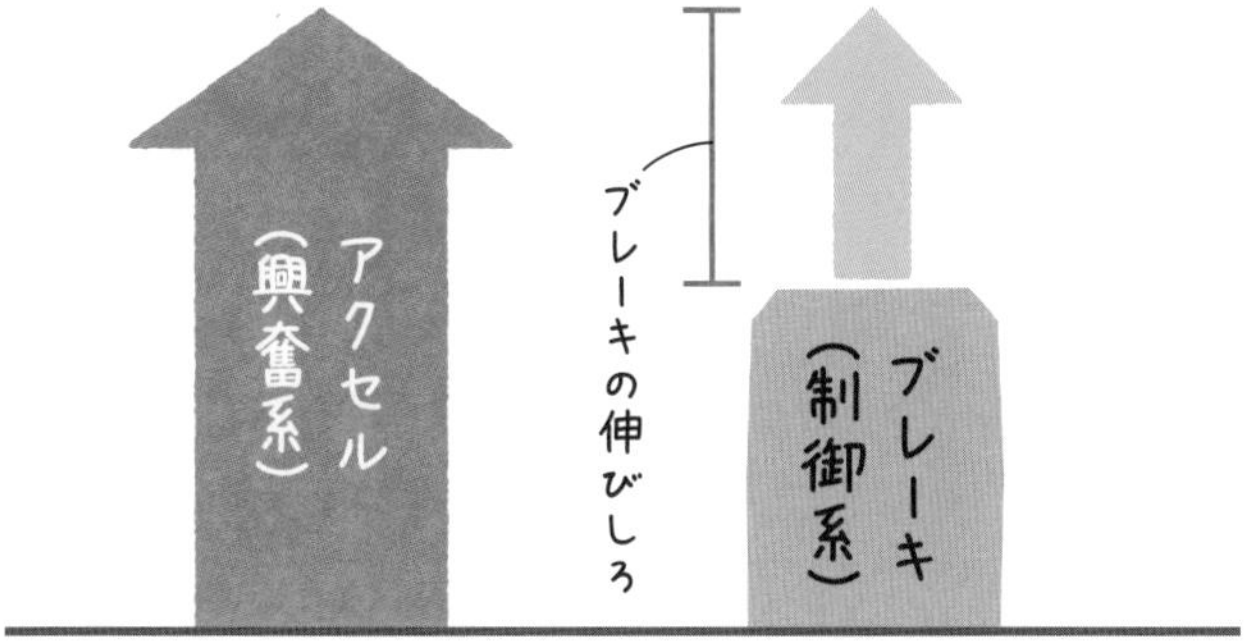

子どもは、アクセル（興奮系）が先に発達する！

す。静かにしていなければいけない場面で大きな声を出してしまったり、動き回ってしまったりしてしまいます。

しかし、４歳頃になり、だんだん抑制系の力が身についてくると、場をわきまえた行動ができるようになっていきます。

ですから、子どもの成長に合わせて、**まずは動くことを大事にして、思いっきり動ける環境をつくってあげてください。そうしたら次に、その動きをしっかりと止められるようにしていきます。**

「我慢」を先に教えない

これを逆に考えている方がたまにいま

す。そういう方は、我慢をすることが一番大事だと、子どもに小さい頃から厳しくしつけようとします。そうすると、子どもは親が大好きなので、大人に言われた通りにしようとします。

しかし、前にも述べたように、興奮系が優位な状況で抑制系が身につくのであって、抑制系が優位な状況で興奮系が身につくのではありません。

小さい頃から親の言うことを聞く子どもは良い子に見えますが、発達の面で見てみると、必ずしもそうではありません。

大人からすると、おとなしくて静かな子どものほうが、手がかからず、良い子と思われるかもしれません。しかし、ブレーキばかりを意識していては、自我が芽生えて自分の感情のコントロールがしづらくなったときに、逆にアクセルを踏み込みすぎて激高してしまうことがあります。こうなると、自分がもっているブレーキだけでは対処しきれなくなってしまうのです。

だからこそ、ブレーキばかりを重視した日常を送るのではなく、**しっかりと日常の中でアクセルを踏み、かつそれを適切に止める練習をすることが何よりも大切なのです。**

もちろん親がアクセルを踏んでいる子どもをしっかりと見て、感情のブレーキが踏めていないときは、ブレーキの重要性をきちんと教える必要があります。

小さい頃におとなしいからといって、大人になるまで良い子であるとは限りません。普段おとなしいのに、急に怒鳴り散らす人、ささいなことでキレる人を見たことはありませんか？

動いているときこそブレーキを効かせるチャンス！

親にとって、子どもがアクセルを踏む状態、つまり興奮している状態は、うるさかったり、落ち着きがなかったり、手がかかってイライラすることもあるかと思います。

でも、それは子どもにブレーキの重要性を教えるためのチャンスです。子どもが小さいときには、やりたいことに目いっぱい集中しもらって、やりたいだけやり込んでもらいましょう。

そうした中で、没頭したり、反対に思い通りにいかなくてイライラしたりする場面も出てくることでしょう。もし、子どもがイライラしているときには、「なんで、そんなにイライラしているの？」などと、しっかりと子どもがその感情をコントロールできるように、親が声がけをして導いてあげましょう。

そして、子どもが自分が好きなことを「もっとやりたい！」という状態になったら、次の段階に移ります。

3歳半くらいになったら、楽しいこと、やりたいことを我慢して、やらなければいけないことを先にやってから、その後に自分のやりたいことをやるように導いていくのです。

このような手順で子どもたちを導いてあげることができれば、小学校に上がって本格的に勉強を始める時期になっても、やらなければいけない宿題や習い事、家庭内の約束事などをこなした後に、ゲームなどの自分のやりたいことをやる、というスタイルで生活できるようになります。

社会に出てからも、やらなければいけないこととやりたいことの順番が逆転している人は、困る場面がたくさん出てきます。

小さいときほど「脳は我慢をすることが苦手」ということを頭に置いて、まずは興奮系の神経をしっかりと育てることが大切なのです。

そのうえで、子どもの年齢や発達段階に応じて、我慢をすることをだんだん覚えていけるように接してあげてください。

「ずる賢さ」も生きる力を育む ……あえてタイミングをずらす

運動遊びのねらい

◎相手の動きを観察する力が身につきます。
◎興奮と抑制を切り替える力が身につきます
◎動きにメリハリをつけることで、動作の強弱をつける力が身につきます。

いじわる縄跳び

☑遊び方

お父さんやお母さんの意地悪に引っかからないように、縄跳びで遊びましょう。
子どもが足元で左右に動く縄を跳びます。大人は数を数えて縄を動かしながら、と

きどき縄を止めます。子どもは縄が止まったら、跳ばずに体を止めます。

大人は縄を止めるときに声を大きくしたり、動作を大げさにしたりして、縄を止めるときのヒントを出します。慣れてきたら、縄を大きく動かしたり、ヒントを出さないで縄を止めてみましょう。

また反対に、子どもが縄を止める役に、大人が縄を飛ぶ役になってもいいでしょう。

身につく力

切り替える力……切り替える力は「我慢する力」とも関係しています。我慢する力とは、大人からの指示を嫌々受けたり、子ども自身が嫌いな活動に参加したりするなど、受け身での姿勢に使われることが多々あります。

しかし、本当の意味での我慢する力とは、子どもが自主的に考えて自発的に選択する力です。

例えば、やりたい滑り台の前で自分の順番が来るまで待っている。ご飯の時間になるまでおやつを食べないで待つなど、目的のために自主的に考えてできる「我慢」が、日々の生活のためにはとても重要になります。

この我慢する力は、「切り替える力」と関係しています。「動」から「静」へ瞬間的に変わる要素のある遊びを取り入れることで、活発に動いて興奮する「動」から、我慢する力が必要な「静」へと切り替える力が身につきます。

リズム感……一定の回っている縄の回転の周期を感じ取ることで、リズム感が身につきます。運動に限らず日常の動作にも、リズムやタイミングをとる場合があります。例えば階段を登る際も、多くの人はほぼ無意識に「イチ、ニ、イチ、ニ」とリズムをとっています。

自身でリズムやタイミングをコントロールできるようになることは、縄跳びだけでなく、そのほかの遊びで身体を動かす際にも役立ちます。

跳躍力……縄を跳び越すために、両足を揃えて跳ぶ力が身につきます。

TOPIC
15

三種類の集中力を育てる

集中力には、大きく三つの種類があるといわれています。

一つ目は「一つのことに長く集中する力」、**二つ目は「集中を切り替える力」**、**三つ目は「二つ以上のことに集中を分配する力」です**。これらは、22ページで紹介した「実行機能」を構成する力でもあります。

集中力というと、多くの方がイメージするのが一つ目の「一つのことに長く集中する力」というものではないでしょうか。このような集中力をわが子に身につけさせたいという親御さんは多いかと思います。

そんなときにやりがちなのが、「ちゃんと集中しなさい」とか「しっかり集中してやらないとダメだよ」というようなざっくりとした声がけです。このような言葉をかけても、集中力はすぐには育ちません。

大事なのは、「一つのことに長く集中する力」と、「集中を切り替える力」と、「二つ以上のことに集中を分配する力」はそれぞれ少し異なり、伸ばしていくための順番があるということを知ることです。

集中を切り替える力

小さな子どもは、一つのことに長い時間集中し続けるということが苦手です。

そこで、**まず最初に身につけさせたい力は「集中を切り替える力」です**。子どもは、何かをやっている途中でも、すぐに気が逸れてしまいがちです。そんなときには、「切り替える」ということを意識してください。

大事なのは、行動にメリハリをつけることです。一つひとつの活動にダラダラと取り組むのではなく、次の活動に素早く切り替えて移行できるように、日頃から意識していくと、「集中を切り替える力」が育ってきます。

私たちの教室では、子どもに運動をさせる場面でも、一つのことを長くやり続けるのではなく、**複合的ないくつかの動きをランダムに提供して、集中を切り替える**ということに重きを置いています。

例えば、音楽を流して、静かな音のときにはゆっくり動いて、大きな音のときは素早く動くようにします。さらにまた、静かな音になったらゆっくり動くというような動きを繰り返すことで、集中の切り替えをこまめにできるようにしています。

こうした集中の切り替えは、運動に限らず、日常の生活でも意識してできると思います。ぜひ取り入れてみてください。

一つのことに長く集中する力

「集中を切り替える」ことができるようになってくると、次の段階として、一つのことに長い時間、集中できるようになります。

この力を育てようとする際には、最初のうちは、雑音や雑念が入らないようにする環境をつくってあげましょう。

例えば、子どもが小学校の宿題をやっているときをイメージしてみてください。子どもが勉強をしているときにテレビがついていたり、親がむやみに声をかけてしまったりすると、集中力は途切れてしまいます。

まずはテレビを消して、できるだけ目の前のものに集中できるような環境をつくってあげて、一つのことに長く集中させるようにします。

そして、その集中する時間を徐々に伸ばしていくように、子どもとの接し方、声がけのタイミングを変えてあげると、子どもは目の前のものに、さらに長い時間、集中できるようになっていきます。

二つ以上のことに集中を分配する力

最後に、二つ以上のことに集中を分配する力です。これは**社会人になってから特に重要になってくる力**です。

例えば、仕事をしていると、ずっと一つのことだけをやっていればいいという場面は多くありません。複数のタスク（仕事）に、集中を分配しながら行なう能力が求められます。

この集中の分配能力は、先に挙げた二つの集中力が身についたうえで、初めて身につく力です。そのため、切り替える力、一つのことに長く集中する力を、まずはしっかりと育てていくことが大事です。

そのうえで、例えば、**部屋で遊んでいる子どもに対して、お風呂のお湯を管理させ**

るようなお手伝いをしてもらうのがいいかもしれません。

いまは、自動でお風呂のお湯を張れるようになってきましたが、あえて蛇口からお湯を出して、「5分たったらお風呂に行ってお湯の温度を確認してね」「10分たったらお湯の量を確認してね」などと、遊んでいる合間に、もう一つのタスクを与えておきます。

遊びに没頭して、お風呂の確認を忘れてしまうと、お湯があふれてしまうことをしっかりと伝えて、子どもに責任をもってお風呂の当番を任せます。

これは、時間を自分で管理するとともに、二つのことを同時に頭の中で遂行していくトレーニングになります。

似たようなお手伝いは、日常の中でいろいろと見つけられると思います。あなたの家でも、子どもに二つ以上の仕事を担当させる機会を、ぜひ設けてみてください。

まずは、集中力にはこの三つの種類があることを知り、自分の子どもがいま、どのレベルにあって、どんな状態なのかを見極めながら、日々のかかわり方、声がけをしてみましょう。

TOPIC 16

「興奮」と「抑制」を切り替えるためのトレーニング

前節で、集中力には三種類あるとお伝えしました。一つ目は、一つのことに長く集中する力。二つ目は、集中を切り替える力。三つ目は、二つ以上のことに集中を分配する力です。

子どもたちに、この三つの集中力を身につけさせるためには、興奮と抑制の切り替えがしっかりとできるようなトレーニングが効果的です。

前（116ページ）にも述べましたが、子どもに限らず、私たち人間の脳の神経は、興奮系の神経と抑制系の神経の二種類があります。

興奮系の神経は、車で例えるとアクセルです。対して抑制系の神経はブレーキに例えることができます。このアクセルとブレーキを、うまく使いこなすことが、集中力を養ううえではとても大事なのです。

私たちは日常の生活において、走り回るなどアクティブに活動するときには、アクセルを踏んだ状態で、興奮系の神経を活性化させます。

逆に、静かに集中したりおとなしくしたりする必要があるときには、ブレーキを踏むために抑制系の神経を活性化させます。

つまり、日常の生活では、どちらの神経も使われる場面がたくさんあるのです。

そこで、これらの神経を育てるために、子どもたちに効果的な運動遊びを、次ページ以降で紹介します。

これらの運動遊びを日常的に行なうと、子どもたちのアクセルとブレーキ、つまり興奮系の神経と抑制系の神経が同時に育てられていきます。

感情のアクセルとブレーキを育もう ……「動」と「静」を切り替える

運動遊びのねらい

◎興奮と抑制を切り替える力が身につきます。
◎気分を盛り上げて興奮状態をつくりつつ、その中に落ち着く要素も入れることで、我慢する力が身につきます。
◎興奮と抑制がある遊びを行なうことで、集中力が身につきます。

魔法で変身ジャンプ

☑遊び方

魔法使いに出会って不思議な魔法を教えてもらう遊びです。その場で6回ジャンプします。

「6回ジャンプすると1回変身する魔法がかかるよ」と説明し、大人は子どもに魔

法をかけます。大人に指示された通りに、子どもは変身します。例えば「カカシ」など、ピタッと止まるものに変身するのがオススメです。

ピタッと止まるものに変身できたら、次はクマ歩きなど、ゆっくり動くものに変身してもいいでしょう。

身につく力

ジャンプ力……ジャンプする動作によって、腹部から脚部にかけての下半身（太もも・お腹・ふくらはぎ）の筋力を身につけることができます。

抑制力……6回目でジャンプを止めるためには、5回目のジャンプの途中で動作を止める用意をしなければなりません。

私たちの脳は動きを止めるときにより活性化することがわかっています。指定された回数で止まることで、我慢する力を身につけることができます。

イメージ力…イメージ力とは「心の中でより鮮明かつ詳細に、姿や像を思い浮かべる力」だとされています。「カカシ」などの大人の言葉から想像を膨らませることで、イメージする力を身につけることができます。

集中力…興奮と抑制の繰り返しで、本書で紹介している三つの集中力（125ページ）をバランスよく身につけることができます。

カウントカンガルー

遊び方

カンガルーになって、得意なジャンプをしながら手を叩いて遊びます。その場で連続ジャンプをして、1回ジャンプする間に大人が事前に指示した回数だけ手を叩きます。

ときどき、手を叩く回数を言う代わりに「ストップ」と言って、急に止まる遊びを入れるようにすると、興奮と抑制のメリハリがつきます。慣れてきたら連続で行なってみます。

☑身につく力

リズム感……ジャンプをしながら手を叩くためには、大きくジャンプをする必要があります。大きくジャンプをするためには、腕を振ったタイミングで跳び上がることが必要です。このようにタイミングをとってジャンプすることで、リズムを感じ取る力が身につきます。

ジャンプ力……ジャンプする動作によって、腹部から脚部にかけての下半身（太もも・お腹・ふくらはぎ）の筋力を身につけることができます。

集中力……興奮と抑制の繰り返しで、本書で紹介した三つの集中力が身につきます。

コラム

「言い訳」の効用

「言い訳」と聞くと、自分の責任を逃れたり、誰かのせいにしたりするような良くないイメージをもつ方が多いと思います。

しかし実は、子どもにとっては言い訳をすることが、成長する過程の中で大事なスキルの一つになります。

確かに、自分の言動に責任をもたないというのは良くないことですが、言い訳という行為自体が悪いことかというと、必ずしもそうだとはいえません。

例えば、大人になってから人に何かを伝えたいときには、それがしっかりと伝わるように、「正確な情報」を「論理的に伝える」というスキルが必要になってきます。

しかし、子どもの会話では、言葉の正確性も論理性も欠けていることが多々あります。言い訳は、言葉の正確性と論理性を磨くチャンスでもあるのです。

言い訳は成長のチャンス！

子どもが言い訳をするのは、何か悪さをしたり失敗をしたりして、それを隠したいときです。なので、そのとき、子どもの頭の中はフル回転で動いています。

言語能力や、順序立てるという数学的な能力はもちろん、要求されます。さらに論理的に話すために、あらゆる情報を頭の中で動員させ、どんな順番でどんな登場人物をもってきて、さらに親のどんな記憶を刺激すれば自分は怒られないのか——というようなことを考えながら、子どもは言い訳をします。

こんなとき、多くの親御さんは、「言い訳なんかするんじゃない」と言って、子どもが伝えようとしているのを止めてしまうのではないでしょうか。

しかし、あえて子どもに言い訳をさせてみると、いま、子どもがどんな情報をもっているのか、どんな伝え方をしているのか、どんな感覚で普段友達と接しているのか、どんな価値観が育ってきているのかという、子どもの本心や状況を知ることができるのです。

ですので、子どもが何か言い訳をしようとしたときには、まずは話を聞いてみてください。聞いている途中で、つじつまが合わない部分、人として成長していくうえで好ましくない言い分、価値観としておかしいのではないかというような言葉が、ところどころに表れてきます。

言い訳をしているときは、子どもにとってはいかに怒られないようにするかという危機的状況なので、本心が見えるものです。そのときに大人がしっかりと良いこと、悪いこと、考えてもらいたいことを整理して明確に伝えて、間違いを正してあげることで、親子の良い関係性をつくる絶好のチャンスにもなるのです。

そして、そのやりとりが、子どもが論理的に話を伝える思考力を高めることにもなります。言葉を使って相手に何かを伝えることの難しさや、言葉を覚えることの大切さについて、子どもが理解するきっかけになるかもしれません。

最近はＳＮＳが普及し、簡素化された言葉のやりとりで生活ができるようになってきました。しかし、仕事やプライベートで人間関係をつくっていく中では、言葉や長い文章を用いて人に情報を伝えることは、今後もずっと必要なスキルです。

世の中でリーダーといわれるような人たちの言葉には、重みがあり、信憑性や説得力があるからこそ、多くの人がついてくるのでしょう。

子どもが言葉を自分の武器にできるように、言い訳についても、子どもが成長するためのきっかけの一つとして見ていただくといいのではないでしょうか。

第4章

運動で「社会性」と「協調性」を育てる

TOPIC
17

協調性ってどういうこと？

人が生活する中では、協調性がとても大事だといわれます。
では、協調性とはどんなことを意味しているのでしょうか？
また、子どもたちに身につけさせたい協調性とはどんなものでしょうか？

社会の求められる力の種類

私たちが社会の中でしっかりと自分の役割を果たし、自分の家族やまわりの人たちに貢献するためには、いくつかの力を身につけておく必要があります。

まずは、**「問題を解決する力」**です。自分の問題なのに、考えもせず人頼みにしていて解決できなかったり、いつも人に言われた通りにだけ動いたりするような人は、まわりに貢献することはできません。

次に、**「自分で判断をする力」**です。「自分で責任をもつ」ということにもつながりますが、これがしっかりできている大人は信頼できます。一方で、優柔不断な人は、何かにつけて他人のせいにしがちで、なかなか成長できません。

さらに、**「誰かと交渉をする力」**も、これからは大事になってきます。相手と交渉をするというのは、自分の利益と相手の利益の両方を考えたうえで、どこに着地させるのかを考えるということです。多くの日本人が苦手とするスキルですが、国際化社会において異文化の人との交流がますます盛んになっている現在、これからの子どもたちにはとても大事な力になってきます。

本当の協調性とは？

これらの力を身につけて、人とかかわる中でその力を発揮し、ときには自分の思いを抑えることが、「協調性」がある人と定義されるのではないでしょうか。

協調性とは、**「人と足並みを揃えて、お互いが支え合って生産的な方向に向いていく」**という言い表し方ができると思います。

何かを任されたら責任をもって自分で遂行していき、判断に困ったときには、仲間と相談して同意を得たうえで決定をしていく。このように、自分がもっている力をしっかりと発揮しながら、お互いに協力し合い、ときには自分の思いを抑えて足並みを揃えていくということが、社会における協調性でしょう。

そう考えると、人とただ足並みを揃えるだけでなく、**しっかりと自分の力や考えをもったうえで社会生活を送っていくことが、協調性を養うためには求められるということがご理解いただけると思います。**

日本人は、他人とぶつかることを特に怖がります。みんなと足並みを揃えて、自分で思うことがあっても黙っておく。みんなの顔色をうかがって、それが自分の意見とは違ってもそちらに賛成しておく――。足並を揃えて村八分にならないことが良いみたいな風潮が、少し前までの協調性と思われていました。

しかし、いまは一人ひとりが自分をアピールすることが求められる時代です。主張すべきところは主張し、異なる意見でも納得すれば自分の主張を引っ込めるというような使い分けが大事なのです。

「自分」をもっていないと、協調しているようで実はただ流れに任せているだけの

大人になってしまいます。これからの子どもたちには、しっかりと自分の考えをもちながら、生きていくために必要な協調性を培っていくことが求められます。

一昔前の、ただ他人と合わせることが美徳という時代は終わりました。自分が身につけた力を生かしながら、一緒に歩んでいける仲間をまわりに増やしていくためにも、**これからの協調性はただまわりの人の顔色をうかがって合わせようとすることではない**ということは、覚えておいていただきたいと思います。

みんなで遊ぼう……集団で一緒に楽しむ運動

運動遊びのねらい

◎集団で遊ぶことで社会性が身につきます。

◎ルールを共有しながら遊ぶことが、「楽しさ」につながることを発見できます。

毒の縄よけ

遊び方

敵の忍者が毒が塗られた長縄をもって走ってきます。毒の長縄に触れないように跳んで避けましょう。

間隔が25cmほどのラインを2本、ビニールテープで引きます。2本のラインの内側に子ども2～3人が一列に並びます。

大人は長縄をもって子どもの足元をすくうように前から後ろへ走り抜けます。子ど

もは長縄に触れないように跳びます。跳ぶ前も着地するときもラインから出ないように、その場でジャンプします。

☑身につく力

抑制力・集中力・協調性……毒の縄を跳び越すためには一緒に跳んでいる友達と、跳ぶタイミングを合わせる必要があります。自分の好きなタイミングで跳んでしまうと友達や自分が毒の縄に引っかかってしまいます。

お互いに相手の動きを意識し観察することで、「友達がしゃがみ始めたぞ」と察知した際に自分も呼応して動き始める必要があります。そのため、友達・毒の縄それぞれに意識を振り分ける集中力や、動きをコントロールする抑制力、同じ目的に向かって譲り合ったり、助け合いながら物事の達成を目指す協調性が身につきます。

これらの力は、IQなどでは測れない「非認知的能力」といわれます。非認知能力は、私たちが人間として生きていくうえで必要な「目標に向かって頑張る力」「ほかの人とうまくかかわる力」「自分の感情をコントロールする力」につながる力です。

跳躍力……縄を跳び越すため跳躍力が身につきます。足腰の力を高めることは人間特有の直立二足歩行の基礎となるだけでなく、大腿筋《だいたいきん》、大臀筋《だいでんきん》、背筋などの比較的大きな足腰の筋肉を動かすことになるので、脳がより活性化されるという報告もあります。

石になる術

遊び方

忍者になって大人に見つからないように、子どもが石に変身しながら大人へのタッチを目指します。

「ダルマさんが転んだ」の鬼が複数いるバージョンです。大人２～４人が、それぞれ離れた場所に立ち、ランダムに１人ずつ「敵の忍者見つけた」と言って振り返ります。子どもはそのときに声を出している大人に向かって移動し、大人が振り向いたときは静止します。

動物の歩き方をまねて、やってみてもいいでしょう。ただし、座ったり寝たりして行なうと危険なので、必ず立って行なうようにして遊びましょう。

身につく力

規律の獲得・抑制力……4歳頃になるとルールのある遊びができるようになります。いま自分が置かれている集団の規律（ルール）を理解し、守ることができなければ、一緒に遊ぶことが難しくなってしまいます。

遊びに必要なルールを知り、守って遊ぶからこそ得られる楽しさや面白さ、ルールを守ることの大切さを知るとともに、ルールを守らないと遊びが成立しないことが理解できます。

また、ルールを守り、一緒に活動することでお互いの信頼感が発達し、より高度な遊びへと変化させることができます。この信頼感は友達と共感したり、相手を思いやったりすることにもつながり、コミュニケーション能力として人とかかわる力にもなります。

判断力……大人が発する、「敵の忍者見つけた」の「た」のタイミングで、子どもたちは静止しなければいけません。

このときに判断をしているのが脳の「前頭前野」と呼ばれる部位です。前頭前野は「知識・情緒・意欲・我慢」をつかさどる、14ページでも紹介した脳の部位です。この前頭前野の特徴として、動き続けているときよりも、グッと我慢したり止まったりするほうがより活性化するということがわかっています。

この遊びを通して前頭前野を鍛えることで、適切に欲望や感情を抑えることができ、腹が立つことがあっても冷静な対応をとる判断が下せるようになります。

体幹力・バランス力……この遊びは、「動く」「止まる」の連続のため、片足立ちや前傾姿勢など、不安定な姿勢で止まることになります。不安定な姿勢を維持したまま止まることで、身体を支える役目をしている体幹が鍛えられます。

体幹力の向上は運動だけでなく学習面にも良い影響があります。体幹でしっかり背骨を支えることで、頭部を安定させることができます。頭部が安定することで、「見る」「聞く」「考える」などの認知機能をしっかり働かせることができます。

TOPIC
18

自然の中で育つ「考える力」

自然の中で思いっきり体を動かして遊ぶことは、子どもたちにとってとても楽しい経験になり、また成長に欠かせない要素がたくさん詰まっています。

しかし、最近の子どもたちは自然の中で体を動かす機会がめっきり減ってしまいました。そのため、つくられた環境や使い方の決まった道具で遊ぶことには慣れていますが、**自分で考えたり発見したりしたもので遊ぶような、創意工夫の機会が減っているといわれています。**

子どもたちが自然の中で遊ぶ際は、「自分で何かを見つけて遊ぶ」ということが必然的に多くなります。自然の環境は季節によって変わりますし、山や川や海など、場所によっても周囲の状況が異なるので、その都度遊びの内容も変わってきます。

また、自然の中には日常にはないものがたくさんあります。それらを活用して遊んだり、何かをつくったりすることで、さまざまな経験を積むことができます。そのときには、創意工夫という「考える力」が必要になります。

自然の中では想像が膨らむ！

「自分で考える」ということは、子どもたちが成長するうえでとても大事な能力です。自然の中で遊ぶときには、日常生活の中ではなかなか経験できないことがたくさんあり、子どもたちの視野や考え方を広げたり、理解を深めたりするきっかけにもなります。

使い方の決まった道具でその通りに遊ぶのではなく、いま目の前にあるものを使って、想像を膨らませて遊んでみる、そしてそれをどんどん発展させていくという経験が、自然の中ではたくさん体験できます。

また、自然の中では、季節の変化に伴って、そこにある枝、木の実、葉っぱ、花などの様子が移り変わります。図鑑を見るだけでは感じ取れない、ささいな変化にも興味をもつことができ、さらにそこから、自分でより深くその理由を調べてみる、というような行動によって、深い学びにつなげていくことができます。

このように、**自然の中でいろいろなものに触れてみることをきっかけに、子どもたちの学びが深まっていくのです。**それが結果として、子どもの生きる力につながっていくのではないでしょうか。

親が日常生活の中で習得させたいと意識する子どもの力は、学力や、社会生活で必要なマナーやルールといった、ある程度決まったものでしょう。しかし、子どもたちが生きていくうえで大事なことはそれだけではありません。

子どもたちは、ある一定の年齢になったら親元を離れて自立した生活を送るようになります。自立するようになったときには、自分でしっかり考えて、自分で成長していくというスキルが求められます。

ただ言われたことしかできないような大人では困ります。自立して生きるためのスキルを身につけるためには、実は自然体験がとても役立つのです。

視野を広げるきっかけに

例えば、自然の中で多くの木を観察すると、同じ木の枝や葉っぱでも、大きさが違ったり色が違ったり模様が違ったりと、いろいろな種類があることに気づきます。そこから、**「同じだけど違う」という発見や体験につながります。**

これは、均一な工業製品に囲まれている日常生活の中だけでは、なかなか理解するのが難しいことです。

また、こういった理解は、子ども自身が「自分」というものを認識することにも似ています。

同じ年齢で同じ学校の生徒でも、一人ひとりの個性は違います。その違うものにも、それぞれの長所があります。この「同じだけど違う」、さらにその反対の「違うけど同じ面もある」という事実を実感するための経験として、自然の中での体験はとてもいいのです。

子どもたちが生活していく中では、これからさまざまなことを経験します。嬉しいこともあれば、悲しいことや辛いこともたくさんあるでしょう。

そのときに、一人ひとりにはいろいろな考え方があって、いろいろな長所や特技があるということを実感するというのは、他人に対する理解や共感を深めるうえで、非常に大切になります。

「たくましさ」も自然の中で養われる

また、日本では大きな自然災害がたびたび起こるため、いざというときに自分の身を守るスキルも必要です。例えば、火をつけることも、家庭ではガスコンロがあるので簡単にできますが、自然の中では思った以上に難しいものです。

このような生きるための技術や自分の体を守る行動も、自然の中だからこそチャレンジしやすく、学ぶきっかけになるものです。

ぜひ、季節ごとにいろいろな自然のある場所に出かけて、子どもたちの生きる力を育んでください。

体をリラックスさせて疲れをとる……のびのび体伸ばし

運動遊びのねらい

◎自分自身の身体に意識を向けることで、身体のイメージをつくりやすくなります。
◎静かな動作で、心を落ち着かせることができます。
◎疲れを残さず、リラックスすることができます。

腕のストレッチ

☑遊び方

①肩から二の腕あたりの筋肉のストレッチです。片腕を伸ばしたまま胸の前に引き寄せて、反対側の腕で挟むようにして、さらに引き寄せます。肩が上がりすぎないように注意しましょう。

②手首から腕の内側のストレッチです。片腕を伸ばし、手のひらを内側に向けます。

反対側の手で指をもち、手前に引きます。腕を上げるとより筋肉が伸びます。

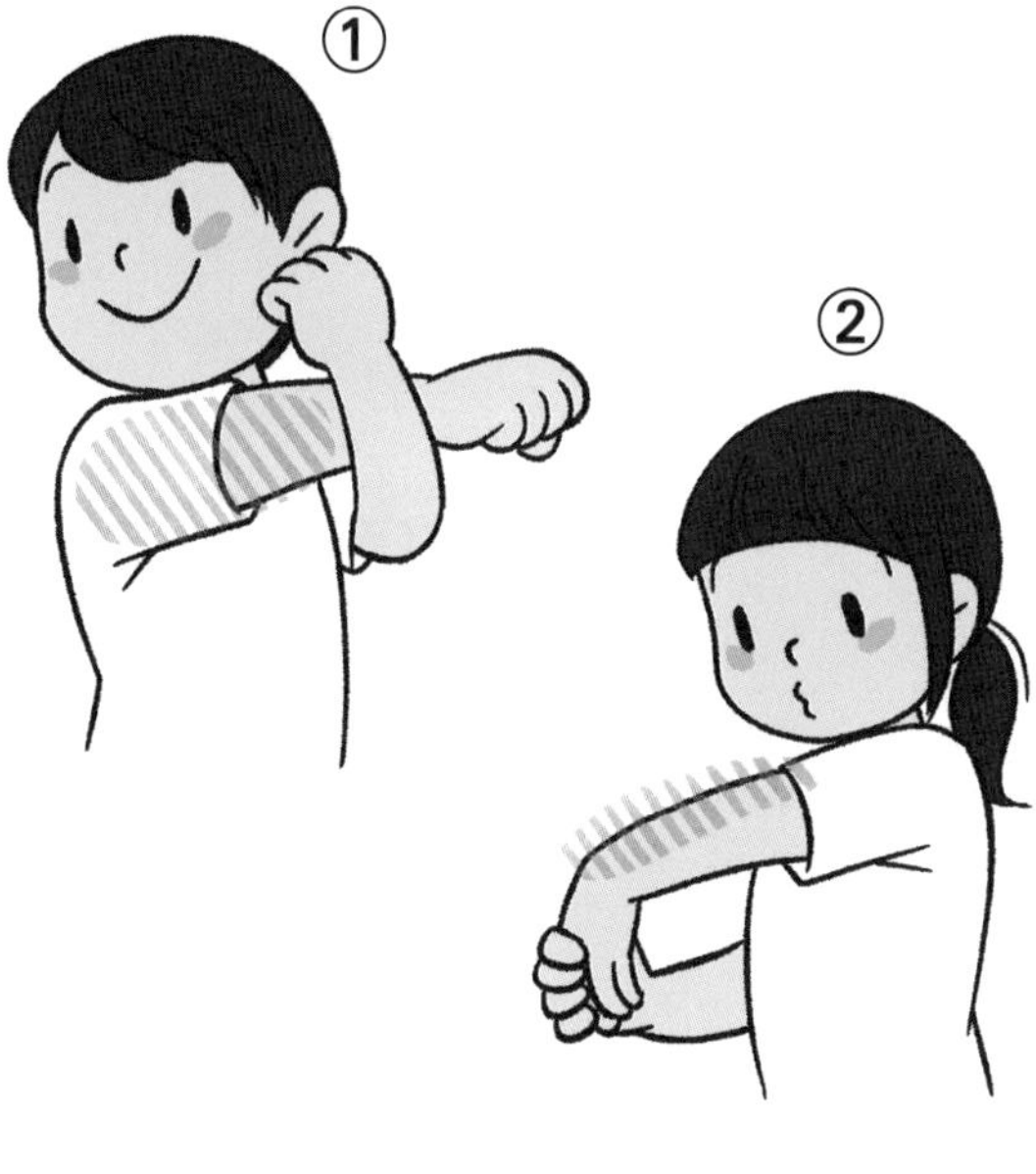

足のストレッチ

①股関節からふくらはぎにかけての筋肉のストレッチです。両ヒザを床につけ、片足を前に大きく踏み出してヒザに両手をのせます。上半身は起こしたまま、踏み出した足のヒザを深く曲げます。このとき、ヒザがかかとよりも前に出ないように、大きく足を開きます。上半身の姿勢を崩さないように、目線は遠くを見るようにします。

②股関節のストレッチです。足を大きく左右に開いて両手を前につきます。ゆっくりと上体を前に倒してそのまましばらくキープします。

③お尻から太ももの筋肉にかけてのストレッチです。仰向けになり、片ヒザを胸のほうに引き寄せます。腰やお尻が浮かないように注意して、両手でヒザを抱えます。

①
②
③

体側のストレッチ

足を肩幅に開いて立ちます。手を組み、手のひらを外側にかえして、腕を上に向けて伸ばします。体を左右に弓なりにして体の側面を伸ばします。

☑ 身につく力

柔軟性……ストレッチを行なうことで、筋肉と腱《けん》が伸びる範囲が広がり、動きのしなやかさだけでなく、ケガの予防にもつながります。

身体イメージ……体の部位ごとに意識を向けてストレッチを行なうことで、自分の身体に対するイメージをもつことができます。身体のイメージをもてれば、自分の身体を自分の思ったように自由に動かせるようになります。

抑制力……楽しく遊んだ後にストレッチを行なうことで、「動」から「静」の動きに切り替える力が身につきます。

TOPIC 19

運動で衝動性をコントロールする

私たちが何らかの動作をするときには、脳からの信号が筋肉に伝えられて、筋肉がその信号に従うことで、実際に動きます。

ただし信号は、脳から筋肉に対して一方通行に出ているだけではありません。筋肉から脳に対しての信号も出ていて、脳と筋肉は常にやりとりをしています。それによって、動きを細かく修正しているのです。

このような事実から、運動によって筋肉から脳に信号が入ることによって、脳が活性化するということも、最近の研究では明らかになってきています。

私が行なっていた研究では、中強度の運動、例えばジョギング程度の運動をすると、脳が適度に活性化されて良いリフレッシュ効果をもたらすことが判明しました。

そのときに特に活性化される場所は、脳（大脳新皮質）の前頭前野の背外側部とい

■脳と筋肉の関係

ここところの筋肉さん
片足で立ってくださーい！
脳でプログラミング
電気信号で命令
筋肉が動く
動いた結果を脳へ
動作修正
かなり不安定ですが
なんとか
もちこたえておりますよ～

われている部分で、こめかみの少し上のあたりにあります（14ページイラスト参照）。**この前頭前野の背外側部というところは、私たちの興奮や抑制といった力を司っていて、「脳の司令塔」といわれています。**

13〜14ページでも述べたように、脳は場所によって、言葉を管理するところ、視覚を管理するところというように、役割分担をして働いています。それらのいろいろな部位の働きを統合し、最終判断をするのが、この前頭前野の背外側部です。

脳全体が、フル活動していればいいというわけではありません。**必要なときに必要な場所がしっかりと動いて、逆にそのほかの部分は休んでいるという状態が、効率の良いパフォーマンスを発揮するためには重要です。**

運動をすることによって、脳が活性化し、脳がスムーズに効率良く動くという効果をもたらしてくれるのです。

感情をコントロールする力も運動で育つ！

子どもは成長の過程において、自分の感情を抑えられないときがあります。

例えば、親に怒られたり、友達に意地悪をされたり、自分の思い通りにならなかったりするときなど、怒りや悲しみなどの感情をコントロールしきれなくなってしまうことがあります。しかし、いつまでもそれではいけません。年齢が高くなるにつれて、しっかりと自分の感情や衝動性をコントロールできなければなりません。

感情のコントロールは、先ほどの脳の前頭前野の背外側部あたりを中心に機能が遂行されています。そのため、**感情をコントロールする力を育てるためにも、運動は効果的**なのです。

体を動かすことは、ただ体力や筋力をつけて健康な体をつくるということだけではなく、感情のコントロールや集中力など、さまざまな脳の機能を高めてくれます。

日々のスポーツや運動も、ただ勝ち負けだけが重要なのではありません。継続的に体を動かすだけでも、子どもの成長には良い効果があるのです。

また、たとえ運動で勝負に負けたとしても、「悔しさ」などの感情を味わうことが、大切な経験になります。「悔しい」といった感情をコントロールする力につながるからです。

そうとらえることができれば、負けた際の子どもへの声がけも「負けたからダメ！」というようなネガティブな評価ではなく、「次はもっとうまくいくよ！」などといった、ポジティブなものになるでしょう。

また、ポジティブな声がけによって、親子の運動やスポーツがより楽しく、充実したものになるでしょう。

こうした運動のもたらす心理的な効果についても、ぜひ知っておいていただければと思います。

多角的に物事を見るために ……表情で相手の心を読み取る

運動遊びのねらい

- 相手の感情を読み取る能力やイメージ力が身につきます。
- 自分自身の感情を表情に出す訓練になります。
- 顔の筋肉を動かすことにより、発音や咀嚼《そしゃく》力の基礎が身につきます。

変わり身の術

☑遊び方

忍者に変身して、敵のアジトに潜入したときに見破られないようするため、いろいろな表情をして遊びます。

まずは大人が指定した表情をつくり、喜怒哀楽を表現し、大人の表情を真似してもらうことから始めてみます。

表情をつくることに慣れてきたら、今度は子どもにいろいろな表情をするように促して、どんなときの表情なのかを大人が

当てるゲームをして遊びます。

☑ 身につく力

表情筋……喜怒哀楽をはっきりと表情で表現することで、顔の筋肉を広く使うことができます。顔の筋肉をしっかり動かすことで、発音や咀嚼の力にもつながります。

イメージ力……大人の言葉から表情や感情の想像を膨らませることで、イメージ力を高めることができます。

観察力・表情認知力……相手の表情から感情を読み取るためには、相手の顔を観察する必要があります。身振り手振りや、表情から感情を読み取るうえで重要な「眉毛・目・口」の三つの顔のパーツを観察し相手の感情を推測していきます。

この遊びを行なうことで、人とかかわる中で大切な「観察力」を身につけることができます。

また、相手の表情から、相手がどういった気持ちになっているのかを正しく読み取る「表情認知力」は、円滑な交友関係を築いたり、コミュニケーションしたりするうえで必須の能力です。

さらに相手の表情から感情を読み取ることと同様に大切なのが、自分自身の気持ちを「正確に表情に出すこと」です。

相手の感情を理解し、それに対して適切なリアクションを自分の表情に出すことで、円滑なコミュニケーションをとることができます。

TOPIC 20

運動をベースに作法や思考も育てていく

ここまで紹介してきたように、運動はたくさんの失敗と成功を積むことができる、子どもたちの成長において、非常に有意義なものです。

子どもたちは成長の過程でいろいろなことを学んで身につけていく必要がありますが、どんなこともすぐに習得できるわけではありません。何回も繰り返していく中で徐々にできるようになって、少しずつ自分の力になっていきます。

失敗と成功を繰り返すことが力になる

運動も同じで、急にできるようになるわけではありません。例えばボールを投げる、打つという動作も、失敗を繰り返しながら、徐々に精度が上がり、最終的にできるようになります。

ですから、失敗と成功、双方を経験できる機会をつくるためにも、運動はとても良いといえます。

また、運動は、子どもたちがマナーや作法を身につけるためにも良いと、昔からいわれています。例えば箸のもち方などの普段の作法や、人にお礼をする、挨拶をするというような礼儀も、なかなかすぐにはできるようになりません。

きれいな作法を身につけている方も、長い年月をかけて繰り返し行なった結果、当たり前のようにできるようになっていきます。そのため、**繰り返しながら上達していく運動は、礼儀や作法を身につけることと相性が良いといえます。**

このように、運動する中で、動作や技術の向上だけではなく、マナーや友達とのかかわり合いなど、生きていくために必要なさまざまな力を身につけられます。そういった部分にも重きを置いて取り組んでいくことも大事です。

また、子どもたちが今後の「生きる力」を養うために、**運動によって新たな力や技術を身につけるまでのプロセスにも、ぜひ注目してあげてください。**

まずは、いま自分の子どもが何ができて何ができないのかという現状を把握する。

そして次の段階では、いままでできなかったことができるようになることを繰り返し、上達していく。

さらにその次は、より大きな視点から、その活動でどんなことを身につけていきたいのか、子ども自身は何に意識をおいて取り組めばいいのか、具体的な目標を掲げて取り組めるようにする。

このようなステップを踏めば、子どもたちは着実に、運動によって新たな力や技術を、どんどんと身につけていくことができるようになるでしょう。

「ただやる」よりも「考えながらやる」

また、**もう一つ運動の中で育てたい力は「考え方」「思考力」です。**

2020年から、小学校でもプログラミングが必須科目として取り入れられました。

このプログラミングの授業の目的は、システムエンジニアのようにロボットを動かすための難しいコードが書けることではなく、論理的に順序立てた思考を身につけることです。

例えば、自分でプログラムをつくってみると、当然最初は「エラーが出る」「うまく動かない」などの問題が起こります。そういうときに、まずエラーが出た場所はどこなのかを特定して問題を発見すること、そしてその問題を解決して完成形にもっていくこと――プログラミングの授業はこのような思考の養成を一番の目的にしています。

これまで紹介してきたように、**運動は、プログラミングと同じく、考え方や思考力を育てるためにとても有用なもの**です。

子どもには、バランスの良い幅広いスキルをもった大人になってほしいと多くの親が望んでいるでしょう。運動においても、ただ言われた通りに何も考えずにやるのではなく、動画でプロの選手の動きを見て真似してみたり、どんなときに失敗してしまうか自分の動きを動画で見てみたりするなど、子どもが自分自身で考えながらバランス良く行なえるように、親が導いてあげてください。

指導や意見を客観的に受け止める習慣をつける

例えば、運動やスポーツをしていく中では、コーチから指導を受けたり、友達から意見を言われたりすることがあります。そのときに、相手からの言葉をどう受け取るのかということも、その先を考えたときには大事になってきます。

指導や意見の中には、否定的な言葉もあると思います。しかし、その否定的な言葉の裏には、相手のどのような思いがあるのかを、子ども自身がしっかり考えていくような習慣も身につけさせておきましょう。

言葉はときとして、意図するより鋭く相手に突き刺さることもあります。特に、メールの文章は、思わぬ伝わり方をして、心にダメージを負ってしまうことも少なくありません。ときには、大人が言葉の意味を翻訳してあげたり、子どもが自分自身を俯《ふ》瞰《かん》的に見られるように、「○○君は何でそんなことを言ったんだろうね？」などと大人が導いてあげたりすることも必要です。大人が子どもと一緒になって考えてあげることが、子どもを救うことにもつながります。

このような中で、子どもたちが自分の頭をどう使うか、つまり「思考力」が鍛えられていきます。このような習慣があると、**理不尽なことに対して、行き当たりばったり、体当たりでぶつかっていくのではなく、「なぜ、それが理不尽なのか？」という理由から考え、賢く生きていくための術**を学ぶことができます。

ぜひ、これからの時代を生きる力という視点で、子どもたちがたくさんチャレンジしつつも失敗を繰り返し、そして成功もする体験をたくさん経験させてください。

また、思考力を鍛えるという面で、運動のスキルだけではなく、ここで紹介したような、子どもの内面の成長も意識して、日常のかかわりをより深めていただきたいです。

自分、相手、目的、手段を意識しよう……自分の役割を見極める

運動遊びのねらい

◎相手の行動から、自分がどうすればいいかを見極める力を育てます。
◎全体を把握しながら、自分の目的のために最善なアプローチの方法を見つけます。

しかけ返し

遊び方

追いかけてくる敵から逃げ続け、道中でお互いにワナをしかけ合います。

①ロープやテープで床に円をつくり、中にマーカーコーンを裏表ランダムに置き、子どもが2チーム（表を裏にするチーム・裏を表にするチーム）に分かれます。

②「天国と地獄」のように、アップテンポで切り替わる箇所がわかりやすい曲をかけます。子どもは、曲に合わせて線の上をジャンプしながら

時計回りに回ります。

③大人が「よーい、スタート！」と言ったら、子どもが円の中に入ってマーカーコーンをひっくり返します。子どもは、自分がひっくり返したマーカーコーンの数を覚えるようにします。

④大人が合図を出したら、再び線の上をジャンプしながら回り、曲に合わせて②と③を繰り返し行ないます。最後に、各自ひっくり返した数を発表します。

身につく力

視覚機能……自分のチームがひっくり返すべきマーカーコーンを探すためには、円の中全体を見渡すことが必要になります。全体を見渡しながら、自分がひっくり返すべきマーカーコーンをクローズアップして見つけることを繰り返す――このことで、全体を把握する「全体視」と、自分が見たいものをはっきりと見る「注視」を、円滑に切り替えながら使い分ける能力が育ちます。

視覚機能は、外の情報を取り入れる「入力系」（視力、眼球運動、両眼視機能などの機能）、入力された情報を処理する「視覚情報処理系」（形態、空間位置関係、動きなどを認識する機能)、視覚情報を運動機能へ伝える「出力系」(読み、書き、目と手の協応など)からなります。

さらに視覚機能には、両目のチームワーク(両眼視)、視線を見たいものに向ける力(眼球運動)、ピントを合わせてものを見る力(調節)といった「視機能」もあります。

また、眼に入る情報の大事な部分に注目し、不必要な部分は無視する力(視覚性注意)、形や空間を捉える力(視知覚・視覚認知)、見た情報を記憶する力(視覚性記憶)、図形などを見て書き写す力(図形構成)といった「視覚情報処理」も含まれます。

このような多岐にわたる視覚機能の未発達は、学習のつまずきの要因となることがあります。幼児期から視覚機能の発達を促す遊びをさせることは、学童期(6〜12歳)や大人になってからの読み書き能力の向上にもつながります。

目と手の協応……瞬時にコーンを裏または表にしていくことで、目と手の協応性が身につきます。目と手が協応することで、「食事の場面で箸を使用する」「ヒモを結ぶ」「字を書く際に文字のバランスをとる」能力などが促進されます。

TOPIC 21

知能が高くなくても社会で活躍できる！

社会で活躍するためには、どれほど知能が高くなければいけないのか、と考えたことがある人もいるのではないでしょうか。

一般的なイメージからすると、リーダーになる人は、知能が高い人が多いといえるでしょう。しかし、**学校の勉強やテストで測れる知能だけでは、なかなか現実の社会で活躍することができない**という場面も多くあります。逆に、学校の勉強は苦手だったけれど、立派な経営者になった人は大勢います。では、社会で活躍するために子どもたちが身につけるべき力は、どのようなものがあるのでしょう。

社会で活躍するために必要な力とは？

社会で活躍するために、大事なものは知能だけでなく、ほかにもいくつかあります。

特に大事なものは、**人とのつながりや連携をとるためのコミュニケーション能力や協調性**です。例えば大人になってから、ほかの人よりも圧倒的に高いパソコンのスキルをもっている人がいたとします。しかし、社交性がなく、コミュニケーションも十分にとれないとなると、職場でほかの人と連携して協力しながらプロジェクトを進めていくというときに障壁になってしまいます。

もう一つ大切なのが、**自己管理能力**です。自分の体を大切にするとか、規則正しい生活をするという能力です。これは、小学校のときにはよくいわれることかもしれませんが、中学校や高校になってくるとあまり注意されなくなってくるので、意外とおろそかになりがちです。

しかし、社会に出てからは、この自己管理能力がとても大事になります。いくら知能が高くてスキルがあったとしても、健康でなければ会社に通えなかったり、生活のリズムが狂ってしまったりして、職場の労働環境にうまく適応できないということも起こり得ます。

自己管理ができなければ、身体的にも心理的にも不健康になってしまいますので、このスキルは、実は非常に重要なのです。

すべてができるようになる必要はない

このように、**コミュニケーション能力や協調性、自己管理能力を身につけたうえで、はじめて複数の「知能」が力となって発揮されます。**

知能は、数や記憶、空間、言語、推理などで構成されていますが、これらの能力がすべて高い必要があるかというと、必ずしもそうではありません。

例えば、一つのプロジェクトを行なうときには、プロジェクトマネージャーのような責任者が一人いて、その責任者の下にシステムエンジニアのようなプログラムを書く人や、広告を出して集客をするための戦略を練る人などが、それぞれの役割を担い、チームとして進められていきます。

つまり、**すべてを一人で担うようなスーパーマンを目指す必要はないのです。**ですから、子どものときは自分の得意なこと、好きなことに没頭して、自信や自己肯定感を育むことが大切なのです。

その過程で、「できないことが、できるようになるプロセスを自分で歩んでいくこと」

――これが、何よりも必要でしょう。最初から、何でもうまくこなそうとしなくてもいいので、まずは、得意なことを生かすことが大事です。

例えば、数学ができなくて記憶力も悪いが、人と仲良くなったり人の気持ちを察したりするのが得意で、コミュニケーション能力が高いという人は、社会で十分に活躍できる素養があるのでしょう。

活躍の仕方はいくつもある！

実際、いまは会社も自社の中にすべての機能をもっているわけではありません。営業、人事、デザイン、集客といった仕事を外部に委託するというやり方も増えてきてます。

ですから、例えば自分がデザイン能力がなくても、外注でデザイン事務所に依頼すればいいのです。統計や集客、広告戦略が苦手でも、会計士やコンサル業者に投げて、提案を受ければいいでしょう。

仕事において、一つのプロジェクトを進めるためには、多くの人の力が必要です。**依頼した人たちをうまく取りまとめることができれば、プロジェクトは確実に前に進**

みます。

これらをスピーディーに、かつ円滑に行なえることが、多様な働き方がある現代において、求められる資質の一つになってきているといえます。

社会で活躍するといっても、さまざまな道が用意されています。あなたの子どもは、どんな道を歩むのがいいでしょうか？

それを日常生活の中で見極めながら、導いてあげることが親の役割となります。時代とともに、変わりゆく環境に適応しながら、子どもがしっかりと道を歩んでいくために必要となる、道具、心構え、体力、考え方などを教えてあげましょう。

得意なことを見つけて伸ばす

いうまでもなく、子どもにはそれぞれ個性があり、得意なことと苦手なことがあります。これまでの日本の教育では、「まず得意なところを伸ばして苦手なところは後まわし」という育て方は、あまりされてこなかったかもしれません。

「みんなと同じ」「すべての力を上げたらいい」というのが理想といわれてきました

が、これからは、**その子が得意で能力が高いところを、より高めてあげることも**大事です。

だからといって、学校の勉強を早々にあきらめてしまうのは良くありませんが、勉強だけに限らず、その子の得意なことを伸ばしてあげることで、将来につなげられるといいと思います。

例えば、いまではテレビゲームもeスポーツとして、オリンピックの種目に入るのではないかともいわれています。実際、プロサッカーチームはeスポーツのチームも育てていたりします。ゲームの能力を伸ばすことも、社会で活躍するきっかけになるかもしれないのです。

ただその前提としては、**しっかりと自己肯定感が養われていて自己管理ができることを意識させる必要があります。**小さいときにはそれがなかなかできないので、やらなければいけないことがおろそかになってしまいがちですが、親が子どものスケジュールをしっかり管理して、導いていく必要があります。

まずは、自分の子どもがいま何をしたいのか、この子はどんな力をもっているのか、というようなプラスの部分をよく見極めてください。よくあるのが、子どものマイナスの部分を咎《とが》め、そのマイナスの部分を埋めて、何とか他の子どもたちに合わせる平均化をしようという試みです。

しかし、**子どもの得意なところを見つけて伸ばしてあげることが大事である**という視点をもっていると、子どもが窮屈にならずに、のびのびと成長しながら力をつけていくことができてくるでしょう。

TOPIC 22

これからのリーダーになるために必要な力

本書の最後に、これからの社会で求められる「リーダー」としての資質について、述べていきたいと思います。

運動ができる人がリーダーに向いている、という単純な話ではありません。しかし、これまでに紹介した、運動が学力や生きる力を育てる土台となることを理解していただけると、リーダーになるための資質の基礎が、運動をツールとして活用することで育まれることに納得していただけると思います。

必要な力① 言語力

いつの時代も共通していますが、リーダーとして必要とされるのは、「言葉」をうまく使いこなせることです。

いくら時代が変わっても、まわりにいる人たちに対してしっかりと言葉で伝え、そのチームやグループを取りまとめられる人がリーダーになります。

しっかりと言葉を使って自分の考えや思い、感謝を伝えることができる人が、信頼を得られ、人から必要とされるリーダーになるといえるでしょう。

言葉を使うということは、口で発するだけではありません。文章を書く、決定的な言葉を選ぶなど、**いろいろな方法で言葉を使って人に何かを伝える力があることは、リーダーとして何よりも大事な資質です。**

時代が変わろうとも、この力は、人を率いるためには絶対に必要なものです。

スマートフォンによる短い文章でのやりとりがコミュニケーションの中心となっている現代でも、しっかりと言葉の力を使いこなす重要性は、親が教えてあげなければなりません。

必要な力②　マルチタスク能力

時代とともに私たちを取り巻く環境は変わり、いまの子どもたちが大人になるときにはさらにスピード感のある社会になっているでしょう。

複数のことに力を注ぐと、力が分散して一つも大成しないといわれた時代もありました。しかし昔と比べて、**いまはとても早いスピードで世の中が変化しているので、マルチタスクが必要不可欠なものになっています。**

マルチタスクとは、複数の作業を同時に並行して実行していくことですが、現代はそのために必要な環境やツール（ソフトやアプリ）が十分に揃っています。スマートフォンがあれば、たくさんの人たちと瞬時につながることもできますし、その人たちと一緒にいろいろなことを進められます。いろいろな情報を得ながら、さまざまな仕事を同時にこなしていくスキルが、より求められるようになっているのです。

ただ、このマルチタスク能力は誰でも最初から備わっているわけではありません。

何か一つのことに集中していたり、締め切りに追われたりしているようなときには、どこかがおろそかになりがちになってしまいます。だからこそ、小さい頃から継続的にこの能力の養成を行なうことが大事になります。

例えば、子どもでも、習い事、学校の宿題、家族の決め事、自分のやりたいことなど、いろいろなことをマルチにこなす必要があります。

ここで、何かがおろそかにならないように親がしっかりと見てあげながら、子どもが複数のことを同時に進めていけるような環境づくりをしていくことが大事になります。

必要な力③　行動力

スピード感のある世界で生き抜いていくには、ずっと考えてばかりいるのではなく、まずは動いてみることが大事です。

動くために必要なのが行動力です。**行動力がある人とない人では、トライアル・アンド・エラーの回数がまったく違ってきます。** まずはやってみて、失敗したら改善して、またやってみるという繰り返しが子どもの行動力を高め、前向きな姿勢の醸成にもつながっていきます。

何かやりたいことがあっても、子どもの頃は自分の力だけでやるのは難しいと思います。大人がサポートしながら、いろいろな経験を通して行動力を高めてあげてください。

必要な力④　リサーチ力

いうまでもなく、何かあったときに素早く調べるという力はとても大事です。

さらにいまの時代、調べてわからないことはほとんどありません。膨大な情報であふれています。ただし、正しい情報だけではなく眉唾な情報、フェイクニュースなどもたくさんあるので、**しっかりと情報の正確性を見極めることが小学生の頃から必要とされています。**

このリサーチ力というのは、自分がやっていることや知っていることだけではなく、知らないことに対して興味をもったり向き合ったりする力も含まれます。

自分ができることとしかしない人よりも、やったことはないけれど、どんどん新しい領域に踏み込んでいける人のほうが成長できます。まずは、「調べる」ということを日頃から子どもに習慣づけしてあげましょう。

例えば、日常生活の中では子どもからいろいろな質問をされることがあると思います。

「なんで？」「これはどうなっているの？」と聞かれたときに、すべて教えるのではなく、ぜひ子どもと一緒に調べてあげてください。

その次の段階では、子どもが自分で調べて、親に説明してもらうように促してみましょう。

当然、間違っているときや、調べた文章を棒読みして理解できていないときもあると思いますが、まずは調べたことを評価して、正しいところに導くということを日頃からすると、子どもはわからないことがあったときも立ち止まらず、自分の力でどんどん進んでいけるようになります。

必要な力⑤　ボーダーレスに動く力

「この人は自分と職業が違うから関係ない」と考えるビジネスパーソンは、最近は少なくなっています。**違った職種でも、コラボレーションすることによって新しいものが生まれる**ということがたくさんあるからです。

自分でボーダーラインを引いてしまうのではなく、仕事の領域、国、人種を越えて、どんなこともいろいろな人といろいろな場所でかかわるという意識を、日常生活の中でも育てていただくと幅広く物事を考える力が身につきます。

必要な力⑥　生活リズムを整える力

何よりも自分の体が健康でなければ、人生は充実したものにはなりません。**自分の体を健康に維持できるように、きちんとした生活リズムを整える能力は、今の時代、より一層求められるようになっています。**

特に重要なのが「食生活」です。食事の時間や内容がしっかりしていると、睡眠の質も良くなります。食事と睡眠が良い状態であれば体の健康もある程度維持できるので、日中のパフォーマンスも上がります。

必要な力⑦　予測する力

任された仕事をだらだらとやっていて時間ばかりかかってしまう人がいます。1時間程度でできるものに丸1日かかっていて、結果も大して出ないということもよくあります。

時間の見積もりができない人は、パフォーマンスも悪いことが多いようです。このタスクにはどのくらいの時間がかかるか、自分はどこまでできるかということを、あらかじめ見積もったうえで進めていくことが大事なのです。

まずは、日々の自分のスケジュールを自分で組むことから始めてみてください。**子どもにスケジュール帳を与えたり、旅行先でのスケジュールを組んでもらうのもオススメです。**

子どもが自分で予測して計画し、そしてその予測がズレてしまったときには修正する方法を考える習慣を、日頃から身につけさせるといいでしょう。

また、だらだらと一つの仕事をやるのではなく、休む時間をしっかりととるようにすると、結果として効率もパフォーマンスも良くなります。そういったことも子どもに教えながら、「自分で予測をする力」を身につけられるようにしていきましょう。

必要な力⑧　あきらめる力

人は、ずっと働き続けていると心も体も病んでしまいます。

現在は「ストレス社会」ともいわれていますが、**「あきらめる」「やめる」ということを知らないと、心も体も休まりません。**

家に帰ってからも、寝ているときでさえも、仕事のことが頭から離れずプレッシャーを感じている状態が続くと、人はうつ傾向が強くなってしまいます。そのため、ときにはあきらめる、やらないと決めたらやらない、という習慣を日々の生活の中で身につけておくことは、とても大事なのです。

ただ、「できなかったからすぐあきらめる」というのは良くありません。

そうではなく、「こういう理由で自分はやらない」「このタスクはここで止める」という前向きな決定は、場合によっては非常に重要だということを教える必要があるのです。

ただし、子どもはまだ自分で判断することが難しいので、例えば習い事などは、まずは大人がその取り組みの様子を子どもからしっかり話を聞いて、あきらめるかどうか、決めてあげるようにしましょう。子どもが大きくなるにつれて、徐々に自分一人で決めることができるように導いてあげましょう。

必要な力⑨　協力する力

いまは、自分の身のまわりにいる人だけでなく、海外の人とでも、ＳＮＳなどのさまざまなコミュニケーションツールを使って、協力し合うことが可能になっています。

自分ができないことや、やってほしいことを協力して進めていける、素晴らしい環境が整っています。

子どもは、一人で頑張ったり勝ち進んだりしていくことに楽しみを見出すことも多いのですが、**人と協力して成果を分かち合う楽しさを知るのも、とても大事なことです**。よくチームスポーツが良いといわれるのは、そういう部分の意味合いが強いからでしょう。

また、協力する手段も、「励まし合う」「仕事を分担する」「一つのことを一緒に頑張る」など、いろいろなやり方があると思います。

まずは、家族同士で協力して、何かに取り組んでみることから始めてみてください。

例えば、家族でキャンプに行ったら、一緒にテントを張ったり料理をつくったりするといったように、何かの課題について、親子や兄弟姉妹で指示を出し合いながら協力してやってみましょう。

そして次は、家族以外の友達や仲間と協力して、何かをやってみるというように、段階を踏んで取り組んでみてください。

必要な力⑩　責任をもって決める力

子どもの頃には、「大切なことを決定する」という機会はなかなかないかもしれません。

しかし、**日常生活の中で小さなことを決定し、それに責任をもつということを繰り返すことで、次第に決定すべきときにしっかりと考えることができるようになります。**

例えば、子どもが何かをやりたいと言ってきたときに、それを実際にやらせてみたとします。もし途中でやめてしまった場合は、大人がそれをしっかりと正してあげることで、自分が決めたことには責任をもつように導いてあげることが大事です。

まずは家族のルールから始めるといいでしょう。日常の小さなことから、自分で決めたことに対して、しっかりと子どもに責任をもたせるようにしてみてください。

これらのことができるようになると、子どもはいろいろな場面で大人から評価されたり褒められたりすることが多くなり、結果的に自分に自信が持てるようになります。

リーダーは、「自分に自信をもつこと」がとても大事です。

この本で紹介した「運動遊び」をはじめ、さまざまな力を小さな頃から日常的に刺激してあげることで、子どもは少しずつ自信をつけていきます。結果的にそれが大きな自信となり、リーダーとしての資質や素質を養うことにつながっていきます。

コラム

みんな、何らかの「障がい」がある

多くの人は、自分のことを「普通」だと思っているでしょう。この本を読んでいるあなたも、そうかもしれません。

そんなあなたから見て、「この人、ちょっと変わってるな」と思う人はまわりに何人くらいいますか？

例えば、時間にルーズな人や、運転が乱暴な人、お酒を飲んだら人格が変わったようになる人など、自分の「普通」を基準にして照らし合わせてみると、ちょっと変わってるなと感じる人は少なからずいるのではないでしょうか？

では、この「普通」とはどんなものなのかというと、実はその定義は難しいものです。なぜなら、先ほど挙げた、時間にルーズだったり運転が乱暴だったりすることも、きっと彼らにすれば、それが「普通」だからです。

「普通」に縛られると生きづらくなる

私たちは、一人ひとり価値観も違えば個性も違います。これは生きてきたプロセスが違うので当然のことですが、その個性も行きすぎてしまうと、ある意味「障がい」といわれているものに近くなるのではないでしょうか。

例えば、時間にルーズなのも、約束の時間に少し遅れる程度ならあまり問題にはなりませんが、時間を全く守れないとなると、時間を認識する能力が欠如しているということなので、障がいに近くなります。

ほかにも、節度をもってお金を使うのは問題ありませんが、湯水のごとく持ち金をすべて使ってしまうとなると、抑制がきかない状態なので、ある意味、障がいといえます。また、急にキレたり人格が変わってしまったりするような人も、感情のコントロールができていないという意味では、障がいといえるかもしれません。

このように、私たちは大なり小なり何かしらの個性、ある意味では障がいともいえるものを、抱えて生きているといっても過言ではないのです。

もちろん、「障がい」と言われると、誰でもいい気はしません。でも、私たちは何かしら、こだわりや個性といった、他人とは違った部分をもっています。それが大きいか小さいかでも変わってきますが、人は人、自分は自分ということをしっかりと認識していなければ、社会生活は送りづらくなってしまいます。

個性は強みに変えられる

日々のかかわりの中で、子どもの個性をしっかり伸ばしながらも、行きすぎたところは教育的な観点で抑えるということも必要です。

これからの子どもたちには、「人と自分は違うんだ」「人と違っていいんだ」ということを小さい頃から認識しながら、ときには社会性、協調性という観点で、人に合わせなければいけない場面もあることを学んでいってほしいと思います。

日本人は、人に合わせたり足並みを揃えたりすることを好む民族といわれますが、これからはボーダーレスで国境に関係なく、世界中の人たちとかかわっていかなければならない時代です。人に合わせるだけではなく、しっかりと主張するところは主張できる力も必要になります。

そう考えると、まずはあなたの子どもにはどのような個性があるのか、そして、もし、その個性が周囲から障がいと受け取られてしまうほど強かったとしても、それをしっかり自分でコントロールできるようにしてあげることが大事です。

そうすることによって、障がいがあるからという理由であきらめるのではなく、逆にそれを自分の個性、強みとして、良い意味で秀でることができるかもしれません。

時代にイノベーションを起こすのは障がいをもった人だといわれることもあります。アインシュタイン博士など、天才と呼ばれてきた人たちも、実は発達障がいだった可能性が高いといわれています。

何かしら秀でていることが、その人の強みや才能となる場合があるのです。自分の子どもがどんな個性をもって生まれてきて、どんな力を伸ばしていってあげたらいいのか、しっかりと見極めて子どもとかかわることが、子どもたちの明るい将来、たくさんの可能性につながっていくのだと思います。

おわりに

日常生活を送っていると、大人は日々の忙しさに追われて子どもの成長を見失ってしまうことがあります。私自身も、仕事のストレスや疲労で、自分の心をどこかに忘れてしまうことがあります。

しかし、そのようなときは、なんのために仕事をしているのかを考え、家族のため子どものためだと思い出し、我に返ります。

忙しいとは、「心を亡くす」と書きますが、忙しさのあまり子どもの成長を見過ごしてしまったり、ないがしろにしてしまったりすると、後悔しても時間を戻すことはできません。

子どもはあっという間に成長し、それを実感できる瞬間は「いま」しかありません。ひたすらかわいい時期、手がかかる時期、反抗期など、いろんな瞬間でそのときにしか見せない表情や仕草、考え方があります。

それを楽しめるかどうかは、親が子どもにしっかりと向き合い、子どもが何にチャレンジしているのか、何に不満をもっているのか、何に喜びを感じているのかを、しっかり見てあげることが大事です。そうでないと、自分の子どもについて、親として理解できないことが増えてしまいます。

子育ては、親の思う通りにするものではありません。少し先の人生を歩む大人として、そして親として子どもを導きながら、親自身も子どもとともに成長していく過程だと思います。子どもがいてくれることで親をさせてもらっている、親として成長させてもらっているという考え方が私は大好きです。

最近は、子育てのための、さまざまなサービスやツールがあります。そのため、子どもの成長をすぐに実感できるものに目が向きがちです。

しかし、大事なのは、できることそれ自体ではなく、できないことができるようになるという過程、そこに親としてどうかかわるかです。できないことにチャレンジして、失敗してもくじけない姿勢を身につけるためのプロセスはたくさんあるでしょう。

本書で紹介した運動遊びは、そのための一つの方法にすぎません。

本書で紹介した内容を通じて、一人でも多くの子どもたちが、できないことができるようになる喜びをかみしめてくれるようであれば、著者としてもこれ以上の喜びはありません。

子どもがどんな道を歩んでいくかは、偶然に巡り合った友達や先生の影響も大きく受けるでしょう。親の思い通りの道を歩むことはないに等しいといわれますが、どんなときでも自分が人生の主役であり、自分が幸せになり、まわりの人を幸せにするため、親は支えて、添い遂げてあげるのが役割だと思います。

また、失敗も成功も一緒に喜び合える関係づくりのためには、子どもの成長を楽しむとともに、あなた自身が日常生活を楽しむことが大切です。

親が笑顔でいれば、子どもも自然と笑顔になります。子どもが幸せになるには、親の幸せが不可欠です。

この本が、あなたと子どもがしっかりと向き合い、一緒に成長していくことを楽しむための気づきの一助となれば幸いです。

柳澤弘樹（やなぎさわ　ひろき）
1982年長野県出身。こどもプラスホールディングス（株）代表取締役。（一社）国際知的財産研究機構脳機能研究所 主任研究員。NPO法人運動保育士会 理事長。（一社）日本就労サポート機構代表理事。
2010年、筑波大学大学院人間総合科学研究科博士課程修了。博士（体育科学）。子どもの発育発達の段階に合わせた形で運動遊びを提供することで、すべての子どもを運動好きにすることを理念に活動している。近年の主な研究テーマは、身体活動と脳機能。記憶力、集中力、やる気などは、どのように生まれるのか、どのようにしたら高められるのかについて、全国の教育委員会や幼稚園・保育園で講演を行なっている。高齢者の認知症予防、一般成人のうつ病予防、発達障がい児に対する運動プログラムについても手がけている。
監修書に『発達障害の子の脳を育てる運動遊び』『発達障害の子の脳を育てる忍者遊び』（以上、講談社）などがある。

10歳《さい》からの学力《がくりょく》に劇的《げきてき》な差《さ》がつく
子《こ》どもの脳《のう》を育《そだ》てる「運動遊《うんどうあそ》び」

2021年2月1日　初版発行
2022年5月10日　第2刷発行

著　者　柳澤弘樹
発行者　杉本淳一

発行所　株式会社日本実業出版社　東京都新宿区市谷本村町3－29 〒162－0845
編集部 ☎03－3268－5651
営業部 ☎03－3268－5161　振　替　00170－1－25349
https://www.njg.co.jp/

印刷／厚徳社　製本／共栄社

ISBN 978-4-534-05827-0 Printed in JAPAN